SHENGCHUANJI YUNXING

PEIXUN JIAOCAI

升船机运行
培训教材

福建水口发电集团有限公司　编

中国电力出版社
CHINA ELECTRIC POWER PRESS

内 容 提 要

本书详细阐述了卷扬提升式垂直升船机各设备，共计八章，内容包含概述、水工建筑及设施、主提升及平衡重系统、承船厢、闸首设备、升船机监控系统、辅助系统、升船机运行风险与对策分析。

本书适用于从事升船机运行的技术人员和管理人员使用，可作为运行人员及相关生产人员培训教材。

图书在版编目(CIP)数据

升船机运行培训教材/福建水口发电集团有限公司编. —北京：中国电力出版社，2021.1
ISBN 978-7-5198-4977-1

Ⅰ.①升…　Ⅱ.①福…　Ⅲ.①升船机—运行—教材　Ⅳ.①U642.7

中国版本图书馆 CIP 数据核字(2020)第 178135 号

出版发行：中国电力出版社
地　　　址：北京市东城区北京站西街 19 号　（邮政编码 100005）
网　　　址：http://www.cepp.sgcc.com.cn
责任编辑：韩世韬　孙建英（010－63412369）　董艳荣
责任校对：黄　蓓　马　宁
装帧设计：赵姗姗
责任印制：吴　迪

印　　　刷：三河市万龙印装有限公司
版　　　次：2021 年 1 月第一版
印　　　次：2021 年 1 月北京第一次印刷
开　　　本：787 毫米×1092 毫米　16 开本
印　　　张：7.5
字　　　数：148 千字
印　　　数：0001—1000 册
定　　　价：95.00 元

编 委 会

前　言

水口水电站垂直升船机（简称水口升船机）于 2005 年建成通航，与水口三级船闸共同承担过坝通航功能，其规模在国内仅次于三峡升船机，该工程 2007 年曾获国家科学技术进步二等奖。水口航运技术人员在多年工作实践中，积累了丰富的运行管理经验，为总结传承升船机运行管理技术，水口集团公司于 2015 年组织编写本书作为内部培训教材。

本书详细阐述了卷扬提升式垂直升船机各设备，共计八章，内容包括概述、水工建筑及设施、主提升及平衡重系统、承船厢、闸首设备、升船机监控系统、辅助系统、升船机运行风险与对策分析。详细表述卷扬提升式垂直升船机各机电设备、液压传动系统、电气控制系统、金属结构、水工建筑和各控制子站的工作原理、保护原理、动作过程以及对故障判断、缺陷处理的方法，并深入分析总结水口升船机运行管理成功经验，填补卷扬提升式垂直升船机管理领域中技术培训空白，为全国升船机运行管理单位提供技术培训交流与技能鉴定服务的宝贵技术资料。本书可供从事升船机运行管理人员学习培训与交流使用，也可作为国内其他升船机运行管理单位运行技术借鉴。

本书由水口集团公司编委会主编，系统策划了本书总体结构，对编写章节与内容进行统稿。本书由水口集团公司技术人员负责编写与审核，水利部、交通运输部、国家能源局、南京水利科学研究院、中国船舶集团有限公司等单位提供帮助，在此一并表示感谢！

本书策划与大纲由黄勤金、黄其捷和黄维汉负责，第一章由方元芳、谢利森、张瑞清、郑杰负责编写，第二章由陈演、朱文富、周振辉、连远、姜志宏负责编写，第三章由陈健、张旺海、林硕、刘志强、陆波负责编写，第四章由张旺海、林硕、陈健、陈思东负责编写，第五章由张旺海、林硕、胡叶斌、张良负责编写，第六章由戴在光、陈健、刘庆勇、张树君负责编写，第七章由刘庆勇、林硕、方元芳负责编写，第八章由鄢荣玲、林宗霖、陈思东、廖婉莹、胡叶斌、庆比特负责编写。本书部分制图由田菊飞绘制，内部初审由鄢荣玲、戴在光等负责，终审由庄明、王龙荣、丁铭、黄光斌、吴建仁等负责。

本书是对水口升船机运行管理技术知识和经验进行系统总结提炼的一次探索，难免有疏漏之处，敬请指正。

编委会

2020 年 8 月

目　录

前言

第一章　概述 ··· 1

　　第一节　认识升船机 ····································· 1

　　第二节　国外升船机发展情况 ··························· 3

　　第三节　国内升船机发展情况 ··························· 5

第二章　水工建筑及设施 ····································· 10

　　第一节　概述 ··· 10

　　第二节　主塔楼 ······································· 11

　　第三节　上闸首及上游引航道 ··························· 16

　　第四节　下闸首及下游引航道 ··························· 18

　　第五节　水工安全监测及建筑物维护 ····················· 20

第三章　主提升及平衡重系统 ································· 29

　　第一节　主提升系统简述 ······························· 29

　　第二节　主提升机械设备 ······························· 29

　　第三节　平衡重系统 ··································· 34

　　第四节　承船厢调平 ··································· 35

　　第五节　主电气传动及控制系统 ························· 37

　　第六节　运行及检修维护 ······························· 39

第四章　承船厢 ··· 43

　　第一节　承船厢简介 ··································· 43

　　第二节　设备构成及其工作原理 ························· 43

　　第三节　控制及检测 ··································· 47

　　第四节　运行及检修维护 ······························· 49

第五章　闸首设备 ··· 53

　　第一节　闸首设备简介 ································· 53

第二节　设备构成及工作原理 ·· 53

第三节　控制及检测 ··· 62

第四节　运行及检修维护 ·· 64

第六章　升船机监控系统 ··· 74

第一节　系统结构 ··· 74

第二节　上位机 ··· 75

第三节　现地控制站 ··· 77

第四节　监控方式及主设备运行流程 ·································· 80

第五节　系统保护 ··· 87

第六节　数据库查询与维护 ··· 93

第七章　辅助系统 ··· 95

第一节　概述 ··· 95

第二节　配电系统 ··· 96

第三节　水位检测系统 ·· 97

第四节　工业电视系统 ·· 98

第五节　消防系统 ··· 99

第六节　检修排水系统 ·· 102

第八章　升船机运行风险与对策分析 ······································ 105

第一节　典型故障及事故处置 ··· 105

第二节　环境影响及对策建议 ··· 107

参考文献 ··· 109

第一章 概　述

第一节　认 识 升 船 机

升船机又称"举船机"，是利用机械装置升降船舶以克服航道上集中水位落差的通航建筑物。升船机本体一般由承船厢、支承导向结构、驱动装置、事故装置等组成。近几十年来，随着机械制造和自动控制技术的提高，升船机这一通航建筑物从形式、规模和控制技术上均有了飞速的发展。升船机的规模越来越大、形式越来越新颖、技术越来越先进。升船机按船厢运动轨迹可分为垂直式升船机、斜面式升船机和旋转式升船机3大类；按船厢是否入水（或者平衡型式）可分为船厢不入水型式（全平衡）和船厢入水型式（不平衡）升船机2种。

一、　垂直升船机介绍

垂直升船机的分类方式有多种，一般根据提升装置进行分类，大致可分为钢丝绳卷扬提升式、齿轮齿条爬升式、浮筒式以及水力浮动式垂直升船机。

（一）钢丝绳卷扬提升式垂直升船机

利用卷扬机作为提升设备，卷扬机由电动机、大扭矩减速器及卷筒等组成。卷筒上绕有提升钢丝绳，提升钢丝绳一端与承船厢相连，另一端与平衡重相连，当电动机带动卷筒旋转时，便可带动承船厢升降。此类升船机根据平衡重总重与承船厢总重（含水体）是否相等，又可分为全平衡式（不入水）和不平衡式（入水）升船机。

全平衡式升船机的平衡重总重与承船厢总重（含水体）相等，电动机功率较小，实现控制较简单，但不能适应下游水位快速变化，船厢与下游引航道对接困难；漏水后平衡被破坏，存在失衡倾覆的安全风险。这种形式的升船机在我国比较多见，福建水口电厂、湖北隔河岩电厂、乌江思林电厂等均采用此类升船机。

不平衡式升船机的平衡重总重大于承船厢总重（含水体），适应下游水位快速变化，但电动机需要克服全部平衡重重量，电动机功率大，导致机械提升系统及电动机布置较复杂。广西岩滩电厂、贵州乌江构皮滩电厂等采用此类升船机。

（二）齿轮齿条爬升式垂直升船机

所谓齿轮齿条爬升，就是利用对称安装在承船厢两侧的齿轮与安装在承船厢室两侧塔柱壁上的齿条相互啮合，电动机经减速箱带动齿轮旋转，通过齿轮和齿条的啮合作用带动承船厢升降。安全装置采用螺旋锁定装置，就是利用对称安装的旋转螺母与保安螺杆相旋合。当承船厢因漏水产生较大的不平衡力时，驱动装置停止运转，由于螺旋自锁作用，承船厢被锁定在保安螺杆上。目前，齿轮齿条爬升式垂直升船机被认为是比较安全的升船机形式，德国尼德芬诺、中国长江三峡与金沙江向家坝就是采用这种形式。

齿轮齿条爬升式垂直升船机也有自身缺陷，如主要设备的制造、安装难度大，塔柱的施工精度要求高，塔柱结构变形对升船机正常运行有直接影响，影响驱动机构和安全机构正常运行的因素复杂等。

（三）浮筒式垂直升船机

因为浮筒式垂直升船机是利用浮筒从水中获得浮力来抵消承船厢的重力，而不是平衡重块的重力。所以，无须设置数量众多的钢丝绳、滑轮、卷筒及平衡重块。浮筒式垂直升船机采用螺母螺杆装置既可作为提升装置又可作为安全装置。升船机的浮筒置于竖井中，竖井顶部设有井盖，安装在浮筒顶部的支架穿过井盖上预留的孔洞与承船厢底部实现铰接。浮筒分上、下2个隔离仓并充有压缩空气，在浮筒的下隔离仓中设一个下端敞开的平衡仓，当浮筒下沉时，平衡仓内的空气被水压缩。浮筒上升时水压减小，平衡仓内的空气便膨胀，抵消了因支架露出或淹没于水中产生的浮力变化。

浮筒式垂直升船机只适用于升程不高的升船工程，因为增大升程需在下游河床修建很深的竖井，受地质条件约束，会给工程带来许多麻烦。这种形式升船机目前应用较少，只有德国1899年建成的亨利兴堡老升船机，1938年建成的罗田西升船机，1962年建成的亨利兴堡新升船机。

（四）水力浮动式垂直升船机

水力浮动式垂直升船机不同于传统升船机用平衡重重力或浮筒浮力来平衡承船厢及厢内水体所受重力，另外设置提升机构来驱动升降。它将平衡重和提升机构融为一体，利用水能作为提升动力和安全保障措施，通过输水管道对竖井充泄水，进而控制竖井中浮筒淹没深度，浮筒所受浮力随之变化，从而带动承船厢升降运行。

水力浮动式垂直升船机是一种新型的升船机，是真正意义上的全平衡升船机。它简化机械提升设备、运行控制简单，能适应下游水位快速变化、下游对接灵活简便、可以自动适应船厢漏水等极限事故，安全性高；提升重量不受限制，适合大水域船厢。

水力浮动式垂直升船机代表了升船机未来发展方向，具有广阔的应用前景，关键技术成果已成功应用于景洪升船机建设。2016年8月，云南省航务局召开试通航验收会，景洪升船机正式通过试通航验收，具备试通航条件。

二、 斜面式升船机介绍

斜面式升船机的承船厢沿斜坡轨道上下，有纵向和横向斜面式两种。纵向斜面升船机在升降过程中，船体纵轴线与斜坡道方向一致。横向斜面升船机在升降过程中，船体纵轴线垂直斜坡道方向。如果上下游斜坡道不能成直线布置，可在坝顶设置转盘，待船舶过坝时，用以调换不同的运行斜坡道。

斜面式升船机只是在水域或陆域情况特殊时才建造。18 世纪英国建造多座此类升船机，1967 年苏联建造目前世界上最大的纵向斜面式升船机——克拉斯诺雅尔斯克升船机。

三、 旋转式升船机介绍

旋转式升船机是由一对对称旋转吊臂、一根中轴等组成，一对吊臂末端环形槽内悬持有封闭的水槽（承船厢），水槽可在吊臂环形槽内完成重力旋转。让船舶进入吊臂中封闭的水槽，然后旋转半圈与上下游河道对接。此类升船机只适用于上下游水位落差不大情况下（如运河），1963 年苏格兰建造的福尔基克城旋转式升船机，2001 年正式投运，也是目前唯一一座旋转式升船机。

第二节　国外升船机发展情况

近代机械化升船机约有 200 年的发展史，早期的机械化升船机出现在英国，此后在法国、德国、比利时等西欧国家逐步发展起来。

18～19 世纪出现的升船机提升高度大都在 15.00m 以下，个别的达到 30.00m 高度；船舶吨位一般在 100t 以下，个别的达到 300t。这一时期的升船机型式已经开始向多样化发展，如 1788 年英国投运的开特里升船机为斜面干运式，1833 年在泰晤士河与塞纳河之间修建了垂直升船机，1875 年在韦佛-春特-墨西哥运河上建造了安德腾水压式升船机。随着西欧工业的发展，升船机样式更多，而且广泛运用了平衡系统，如 1888 年法国在北部诺佛塞运河上建造了逢迪纳特水压式升船机；1899 年德国在多特蒙特-埃姆斯运河上建造了较大型的亨利兴堡五浮筒垂直升船机，五浮筒的提升力达到 3100t。

现代化大型升船机出现在 20 世纪。根据一些国家对升船机研究与实践的结果，认为升船机具有很大发展前途，它将与船闸一起对水运业发展作出应有的贡献。

在德国，1936 年民主德国首先建成尼德芬诺平衡重式升船机，标志着升船机的发展和建设达到一个新的阶段和水平。1962 年建成的新亨利兴堡双浮筒式垂直升船机，是世界上浮筒式垂直升船机的一个好典型；而 1974 年建成的吕内堡升船机，则以其巨大的规模、先进的技术在 20 世纪 70 年代的平衡重式垂直升船机中首屈一指。

在法国，1967 年以来，除了在马恩-莱茵运河上修建了阿尔兹维累横向斜面升船机外，1972 年还在加龙支运河上的蒙特施建造了世界上第一座水坡式升船机。目前，正在研究并试图建造更大规模的水坡式升船机，以便使 1350t 或 4000t 的船只过坝。

在苏联，20 世纪 80 年代初修建的克拉斯诺雅尔斯克升船机至今仍是一座举世无双的工程，目前世界上还都没有这样类似的水工建筑物，也是当时苏联水电工程取得的最重大成就之一。同时，还证明了在高水头水利枢纽中修建类似建筑物可以解决通航问题，不仅技术可行，而且经济合理。

在比利时，利用 4 座新船闸和 1 座能克服 67.55m 水头的隆库尔斜面升船机，使沙勒罗瓦-布鲁塞尔运河的改建收到了显著的效果：运河上的船闸总数由 38 座减少到 10 座。目前比利时建成了世界上最大的垂直升船机——斯特勒比钢丝绳卷扬式垂直升船机。该升船机于 2001 年建成并投入运行，采用双线一级钢丝绳卷扬提升式垂直升船机，最大提升高度为 73.80m，可通过 2000t 自航驳船。

在英国，建成了世界上第一台旋转升船机，该升船机位于苏格兰的福尔基克城。旋转升船机可以把船从一条运河传送至另一条水平面不同的运河，从而使北海和大西洋通过运河形成了一个通道。每次传送时，船只驶进和驶出升船机需要 15min，升船机旋转一次费时 8min。这台造价为 1.17 亿美元的升船机于 2001 年年底投入运行。

国外高水头升船机主要参数见表 1-1。

表 1-1　　　　　　　　　　　　国外高水头升船机主要参数

建成年份	国家	地点	升船机型式	提升高度（m）	过船吨位（t）
1788	英国	开特雷	纵向斜面升船机，坡度为 1：2.5，干运	21.30	5
1790	英国	格拉夫斯查特	纵向斜面升船机，干运	61.30	5
1798	英国	巴斯	潜水式垂直升船机，湿运	13.70	20
1809	英国	塔得比格	平衡重式垂直升船机，湿运	3.60	40
1825～1831	美国	菲利普斯堡与纽约之间	6 年间先后共建 23 座，纵向斜面升船机，坡度为 1：10～1：12，干运	11.00～30.40	70
1838	英国	陶顿	平衡重式垂直升船机，湿运	14.00	8
1850	英国	格拉斯哥	纵向斜面升船机，坡度为 1：10，湿运	29.30	35
1860～1880	德国	外克塞尔尼德龙	20 年间先后建成 5 座，纵向斜面升船机，坡度为 1：12，湿运	14.00～25.00	50
1875	英国	安得顿	平衡重式垂直升船机	15.40	100
1876	美国	格罗格唐	平衡重式纵向斜面升船机，坡度为 1：12，湿运	11.60	135
1888	法国	丰提乃特	水压式垂直升船机，湿运	13.10	300
1888	比利时	卢维尔	水压式垂直升船机，湿运	15.40	360
1893	法国	墨克司	纵向斜面升船机，坡度为 1：25，干运	12.20	70
1899	德国	亨利兴堡	浮筒式垂直升船机，湿运	16.00	800
1900	英国	福克斯顿	横向斜面升船机，坡度为 1：4，湿运	22.00	70

建成年份	国家	地点	升船机型式	提升高度 (m)	过船吨位 (t)
1904	加拿大	彼得保罗	水压式垂直升船机，湿运	19.80	800
1907	加拿大	克尔克菲尔德	水压式垂直升船机，湿运	14.80	800
1917	比利时	中央运河	水压式垂直升船机，湿运	16.90	390
1934	德国	尼德芬诺	平衡重式垂直升船机，湿运	36.00	1000
1938	德国	罗田西	浮筒式垂直升船机，湿运	18.70	1000
1962	西德	新亨利兴堡	浮筒式垂直升船机，湿运	14.50	1350
1967	比利时	隆库尔	纵向斜面升船机，坡度为1：20，湿运	67.60	1350
1967	法国	阿尔兹维累	横向斜面升船机，坡度为1：2.4，湿运	44.60	350
1967	苏联	克拉斯诺雅尔斯克	纵向斜面升船机，坡度为1：10，湿运	101.00	2000
1973	法国	蒙特施	水坡式升船机，坡度为1：33	13.30	350
1974	西德	吕内堡	平衡重式垂直升船机，湿运	38.00	1350
2001	比利时	斯特勒比	钢丝绳卷扬式垂直升船机	73.80	2000
2001	英国	苏格兰的福尔基克城	旋转式升船机	35.00	—

第三节　国内升船机发展情况

　　我国升船机的发展则相对较为缓慢，20世纪50年代才开始升船机的设计研究工作，直至20世纪80年代所建升船机几乎都是运载船舶为50t以下的小型干运斜面升船机。1966年在安徽寿县才建成我国第一座湿运纵向斜面升船机，仅能运载30t的小型船舶，运行数年后即被废弃。1982年安徽龙湾建了我国第一座小型水坡升船机，为我国水坡升船机的雏形；1989年10月江苏沭阳水坡升船机投入运行，设计最大运载船舶60t。我国20世纪80年代前已建最大的升船机为湖北丹江口水利枢纽的垂直斜面升船机，最大干运船舶150t铁驳船或湿运50t船舶，其近期提升高度分别为45.00m及35.50m，克服总水头68.50m，最大提升总重量为450t，后期克服水头可提高至81.50m，垂直升船机提升高度改为58.00m。1980年以前我国已建升船机约63座，其特性见表1-2。

表 1-2   我国已建升船机特性统计表（1980 年以前）

型　式	主要指标		湿　运	干　运
垂直升船机 （共 5 座）	运输船舶吨位（t）	10～30	—	3 座
		30～50	—	1 座
		150	1 座	—
	提升高度（m）	≤10.00	—	1 座
		≥40.00	1 座	3 座
斜面升船机（共 56 座）	运输船舶吨位（t）	≤10	—	11 座
		10～30	2 座	35 座
		30～50	—	7 座
		150	1 座	—
	提升高度（m）	≤10.00	—	40 座
		10.00～20.00	1 座	4 座
		20.00～30.00	1 座	2 座
		30.00～40.00	1 座	2 座
		240.00	—	5 座
水坡升船机（2 座）	运输船舶吨位（t）	10～30	1 座	—
		60	1 座	—
	提升高度（m）	<10.00	—	2 座

从资料分析中可以看出当时升船机有如下特点：

（1）除丹江口、黄龙滩为垂直斜面升船机外，其余均为斜面升船机，这是因为斜面升船机不需要复杂的机械、电气设备，提升重量小，造价低。

（2）通过的船舶吨位和提升重量都不大，年通过能力也较小，因此升船机规模也较小。最大的丹江口升船机其提升重量也仅为国外大型升船机的十几分之一，但是随着我国高水头水利枢纽的兴建，在南方一些地区河流中，出现一些高水头升船机，这些升船机过坝船只小，运量低，反映出我国目前山区河流高坝枢纽通航的共同特点。

（3）为了减轻提升重量，我国升船机大都采用原始的干运方式，这种方式原始落后，效率低下。

综上所述，这些升船机中绝大多数设备简陋，没有专门安全保障设施，安全性差；采用原始的船舶干运方式，提升重量小；没有平衡系统，运转功率大、费用高，加之设计布置、安装施工存在的缺陷以及管理水平的落后，因此，已建升船机与国外升船机的差距较大。尽管如此，由于升船机的突出优点，在我国大型水利水电枢纽兴建高坝通航建设中一直是不可缺少的比选方案，对其进行了大量的设计研究工作，由此也推动了升船机的技术进步。

我国近代升船机的研究及建设始于 20 世纪 90 年代，历史较短，至今已先后建成红水河岩滩、闽江水口、清江隔河岩、清江高坝洲、彭水升船机、景洪升船机、三峡升船机 7 座升船机，并有多座升船机正在建设或设计中，国内已建成投运和在建的大、中型升船机见表 1-3。

表 1-3　　　　　　　　　　国内已建成投运和在建的大、中型升船机

序号	河流	闸坝名	升船机型式	提升高度（m）	船厢有效尺寸 宽×长×水深 （m×m×m）	载船吨位（t）	船箱载船及水共重（t）	建成年份
1	汉江	丹江口	移动式卷扬垂直	45.00	10.70×33.00×0.90	150	450	1973
2	汉江	丹江口	双向下水斜面	41.00	10.70×33.00×0.90	150（300）	385	1973
3	闽江	水口	卷扬垂直提升	59.10	14.00×112.00×2.50	2×500	5300	2003
4	红水河	岩滩	卷扬垂直提升（下水式）	68.50	10.80×40.00×1.80	250	1430	1997
5	清江	高坝洲	卷扬垂直提升	40.30	10.80×42.00×1.70	300	1560	2008
6	清江	隔河岩	二级卷扬垂直提升	40.00/82.00	10.20×42.00×1.70	300	1374	2004
7	长江	三峡	齿轮齿条爬升	113.00	18.00×120.00×3.50	3000	约16000	2016
8	澜沧江	景洪	水力浮动式	66.86	12.00×59.00×2.50	500	3300	2016
9	乌江	思林	卷扬垂直提升	76.70	12.00×59.00×2.50	500	3300	2019
10	乌江	沙陀	卷扬垂直提升	74.90	12.00×59.00×2.50	500	3300	2019

序号	河流	闸坝名	升船机型式	提升高度（m）	船厢有效尺寸 宽×长×水深（m×m×m）	载船吨位（t）	船箱载船及水共重（t）	建成年份
11	乌江	彭水	卷扬垂直提升	66.60	12.00×59.00×2.50	500	3250	2010
12	乌江	构皮滩	三级卷扬垂直提升（一、三级船厢下水）	55.00/127.00/79.00	12.00×59.00×2.50	500	3150	建设中
13	嘉陵江	亭子口	卷扬垂直提升	85.40	12.00×116.00×2.50	2×500	6250	2018
14	金沙江	向家坝	齿轮齿条爬升	114.00	12.00×116.00×3.00	1000	—	2018
15	红水河	龙滩	二级卷扬垂直提升	88.50/90.50	12.00×70.00×2.20	500	—	待建
16	右江	百色	卷扬垂直提升	25.00/90.00	—	2×500t	—	待建

已建成升船机型式除三峡、向家坝升船机为齿轮齿条爬升式，景洪升船机为水力浮动式外，其他五座升船机均为钢丝卷扬平衡重式垂直升船机。其中于2004年正式对外通航的水口升船机已安全运行15年，以其较大的提升重量，较先进的安全保障及控制系统跻身世界先进升船机的行列，是目前国内已建成同类运载量最大的升船机，在世界上仅次于比利时斯特勒比·蒂厄垂直升船机。2006年12月29日，水口升船机建设及运行项目获2006年度福建省科学技术进步一等奖，2008年1月8日获国家科学技术进步二等奖。

2016年9月18日，三峡升船机正式启动试通航，为世界升船机建设树立新的里程碑。三峡升船机是三峡水利枢纽通航设施的重要组成部分，是三峡工程的永久通航设施之一。三峡升船安全机构采用长螺母柱-旋转短螺杆型式，过船规模为3000t（排水量），船厢总重（含水体）为15500t，最大提升高度为113m，承船厢有效尺寸为120m×18m×3.5m（长×宽×水深），容积约相当于4个奥运会标准游泳池。作为目前世界上规模最大的单线一级全平衡式垂直升船机，具有建设规模大、技术难度高、运行控制复杂、运行维护要求高等特点，技术和施工难度都是世界之最。

此外还有乌江构皮滩、红水河龙滩、右江百色等多座垂直升船机正在建设或设计研究中。设计中的乌江构皮滩三级垂直升船机总提升高度为 199.00m，其中间级升船机的提升高度高达 127.00m，居世界之最。已投运的景洪升船机具有自主知识产权、不需外加提升动力的水力浮动式转矩平衡重升船机，由于该类型升船机属世界首创，它是一种新型的通航建筑物，在安全性及机构方面做了简化，与其他型式升船机相比具有较大的优势。该技术已成功应用到澜沧江景洪水电站升船机。

这些升船机的设计和建成运行，标志着我国升船机的建设水平已跃居世界前列。

第二章 水工建筑及设施

第一节 概　　述

国内升船机是水电站通航建筑物的主要构成部分，通常与大坝挡水坝段、引水坝段、溢流坝段共同构成大坝挡水结构，是水电站枢纽布置的主要水工建筑物之一，它为客货轮和特种船舶提供快速过坝通道，可在水电站中配合船闸联合运行，加大枢纽的通航能力，保障枢纽的通航质量。

升船机水工建筑主要由上游引航道、上闸首、主体建筑物、下闸首和下游引航道等部分组成。其中升船机主体建筑物主要指承重结构建筑物，也称主塔楼，主塔楼宜采用对称的钢筋混凝土结构体系，无法采用该体系时应加强建筑物的薄弱部位，使其满足建筑物相应的承载能力和正常使用的要求。为掌握升船机水工建筑结构的工作性态、及时发现问题，并检验设计理论，安全监测发挥重大作用，通过内部及外部观测仪器的安装、埋设、监测、数据采集分析，判断升船机水工结构的安全工作性态。升船机水工建筑具体功能见表 2-1。[1]

表 2-1　　　　　　　　　　　升船机水工建筑具体功能

名称	功　　能
上游引航道	防止上游风浪和电站横向水流对船舶航行产生不利影响，保证过坝船队（舶）安全行驶
上闸首	上游挡水和通航
主体建筑物（主塔楼）	承载机房、提升设备、承船厢、平衡重等与上/下闸首连接，围成承船厢室
下闸首	下游挡水和通航
下游引航道	保证下游航道内及出口处有良好的通航条件

以水口升船机为例。作为水口电站枢纽布置的主要建筑物之一，水口升船机左邻一线三级船闸，右邻右岸高边坡，中心线与坝轴线垂直，与船闸共用上、下游引航道。自上游导航墙起，依次布置上游导航墙、上闸首、主塔楼、下闸首和下游导航墙，全长约为 1400.00m，不计引航道长度，升船机全线总长为 287.50m。根据 SDJ 12—1978《水利

水电枢纽工程等级划分及设计标准》（现已作废），水口电站枢纽工程属一等工程，主要建筑物为一级建筑物，升船机为枢纽组成部分，同属一等工程。水口升船机平面布置、纵剖面与横剖面分别见图 2-1 和图 2-2。

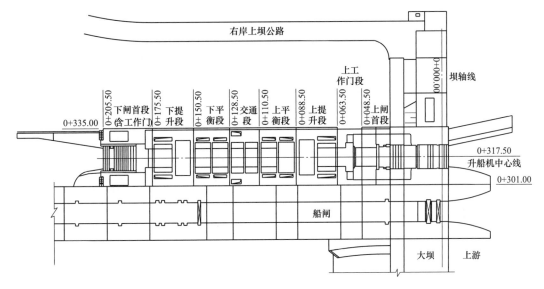

图 2-1　水口升船机平面布置图（单位：m）

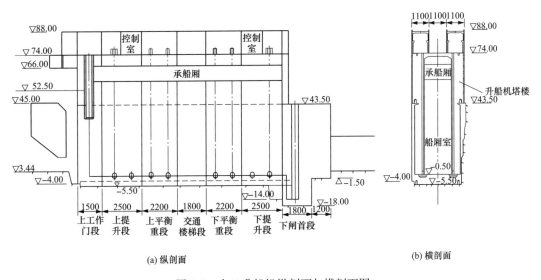

图 2-2　水口升船机纵剖面与横剖面图

第二节　主　塔　楼

升船机主塔楼是升船机的支承、导向和限位结构，承受承船厢正常运行和事故状态时的全部动荷载和静荷载，并在承船厢升降时起导向和限位作用。它由承重结构、承船

厢室、主机房、中央控制室及交通、检修通道等结构组成。

一、 主塔楼结构

（一）承重结构

升船机承重结构的主要形式有钢筋混凝土塔柱（楼）、钢排架、钢筋混凝土排架等形式，目前多采用钢筋混凝土塔柱（楼）形式。

钢筋混凝土塔柱（楼）承担升船机的机房、提升设备、承船厢、平衡重等巨大重量，是支承承船厢和平衡重系统的竖向支承承重结构，对称布置在上/下闸首中心线的两侧，是连接上/下闸首的水工建筑物。塔柱顶部设机房，机房底板将两侧塔柱顶部连成一体，机房内安装升船机的提升设备、平衡设备以及供升船机设备检修用的起重设备等。

承重塔柱底部为嵌于基岩的实体混凝土，中部为钢筋混凝土整体浇筑的空腹柱体，升船机的平衡重悬吊在塔柱的空腹中。为限制塔柱顶部位移，加强结构的整体性及刚度，塔楼上部可设置有横向连系大梁。

承重结构的顶板型式有钢筋混凝土板梁结构、板式结构、钢结构，如跨度及受力较大，也可采用预应力混凝土结构。顶板一般作为上部主机房的楼面，顶板与承重结构之间的连接可采用刚接或铰接方式。

（二）承船厢室

承船厢室是由两侧挡墙和上闸首围成的三面围墙、一面开敞的结构，下游侧与下闸首及下游引航道连通。卷扬式垂直升船机的船厢室一般分为不入水式（全平衡）及入水式（不平衡，也称部分平衡）。不入水式升船机典型代表为水口升船机、彭水升船机、思林升船机等，为无水船厢室；入水式升船机典型代表为乌江构皮滩水电站第一级、第三级垂直升船机，其第一级升船机承重塔柱之间形成宽 18.00m 的船厢下水式，船厢室水体直接与上游水库直接连通，塔柱筒壁承受巨大的外水压力，运行时需加强塔柱变形观测。而景洪升船机作为水力式升船机的代表，也是采用入水式承船厢室。

（三）主机房及中央控制室

主机房位于主体建筑物顶部，主要用于布置主提升机构的空间。和一般厂房相同，主机房顶一般采用钢筋混凝土板梁结构、钢桁架或网架等结构形式。主机房的平面布置需满足机电设备的布置、安装、检修场地及交通通道等因素要求；其外部的支撑结构，一般采用排架或刚架结构。

中央控制室的位置和高度，需满足值班人员在控制室中能够清晰地看到承船厢和上下游引航道中船队（舶）的动态，通常还辅以工业电视等设施进行监视。

（四）交通、 检修通道等附属结构

升船机主塔楼一般设置有贯通从底板至顶板、从上游至下游（上闸首至下闸首）、从左至右的交通通道，同时设置有电气设备的专用通道、空间或孔洞。

（五）工程实例

下面简要介绍国内典型的卷扬式垂直升船机：水口升船机、思林升船机、彭水升船机和构皮滩第一级升船机的主塔楼结构。

1. 水口升船机

水口升船机主塔楼全长112.00m，分别由4座上、下提升段塔楼和4座上、下平衡段塔楼以及2座交通塔楼组成。塔楼总高度为92.60m（含上部主机房），分列于升船机中心线两侧，与上/下闸首连为一体，形成一个净面积为17.00m×123.00m的无水船厢室。塔楼顶74.00m高程以上设有2座长约140.00m的贯通式主机房，左、右对称布置在升船机中心线两侧，总平面尺寸为2×（11.00m×139.81m），顶部高程为87.10m，高度为13.10m。提升段横向大梁上部设置集中控制室，平面尺寸为13.00m×10.00m，地面高程为78.90m。

上、下提升段塔楼结构段平面尺寸为8.00m×25.00m（宽×长），为钢筋混凝土承重塔柱，左、右对称布置在升船机中心线的两侧，建基面高程为−5.50m，高度为79.50m。结构型式为薄壁结构，在43.50m高程以下为薄壁箱形结构断面，最大壁厚为2.00m；在43.50m高程以上采用薄壁E形结构断面，最大壁厚为1.00m，最大肋厚为2.00m。转矩平衡重空腔净尺寸为9.00m×3.20m，主提升机部分空腔净尺寸为11.00m×4.25m。

上、下平衡段塔楼结构段平面尺寸为8.00m×22.00m（宽×长），为钢筋混凝土承重塔柱，左、右对称布置在升船机中心线的两侧，建基面高程为−5.50m，高度为79.50m。其结构型式也采用薄壁结构，在高程43.50m以下采用薄壁箱形结构断面，壁厚为2.00m；在高程43.50m以上采用薄壁E形结构断面，壁厚为1.00m，肋厚为1.00m。重力平衡重空腔净尺寸为9.50m×4.25m。

交通段塔楼结构长度为18.00m，建基面高程为−5.50m，顶高程为74.00m，平面尺寸为8.00m×18.00m（宽×长）。左、右交通段塔楼对称布置在中心线两侧。在交通塔楼内布置有交通楼梯和电梯井，井内各装有1台8层1000kg电梯。船厢室底部设有排水廊道，积水排至下闸首底部的集水井，采用深井水泵抽水排至下游航道内。

受枢纽总布置和地形条件的限制，水口升船机主塔楼在布置及结构设计上受到了很大约束，其特点可归纳为塔楼具有高柔薄壁、左右结构不对称、结构变截面性（沿高度方向截面变化质量分布不均匀）等特点。[2]

2. 思林升船机

思林升船机主塔楼长为79.00m，宽为40.00m，基础为厚7.00m的钢筋混凝土整板，船厢室底净宽为17.60m，在其两侧对称地布置钢筋混凝土箱形结构塔楼，用以支承承船厢、平衡重块等悬吊运动荷载、外部的水荷载及上部机房传来的荷载，为了运行操作方便和有利于结构受力，升船机塔楼顶用联系板梁连成整体。[3]

3. 彭水升船机

承重塔柱为筒体结构，以垂直升船机轴线为中心左、右对称布置两列，每列有两个组合筒体。筒体下部用筏基联成整体，上部用箱形板连接，构成上部机房的基础，机房屋盖为钢网架结构。[4]

基础采用筏式基础，长为 80.75m，宽为 52.40m，筏板厚为 6.50m，混凝土等级为 C25。四周侧墙及回填土高程主要由下游最高通航水位及洪水要求所决定。

筒体结构采用长方形薄壁箱形钢筋混凝土结构。筒体在平面上分为左、右两列，对称布置，每列有两个组合筒体，筒壁厚在高程 235.00m 以下为 1.30m，以上为 1.00m。筒体底沿高度方向每隔 12.00m 设一厚度为 60cm 的隔板，顶部用箱形板刚性连接。筒体内设有平衡重安装、检修及锁定平台，上游筒体内布置有楼梯间及电梯井。

箱形顶板既是上部机房的基础，又将塔柱联成整体，使整个结构形成巨型框架结构体系，顶板高度为 4.00m，箱板厚为 0.60m。

上部主机房设在高程 290.00m 的箱形顶板上，为排架柱结构。机房平面尺寸为 84.05m×45.00m，在主机房左、右两侧还布置有主电室和配电室，下游端设有控制及操作室。机房屋盖采用钢网架结构。目前，隔河岩、高坝洲升船机上部机房屋盖均采用该种型式。

4. 构皮滩第一级升船机

作为船厢下水式升船机的典型代表，构皮滩第一级升船机布置在水库内，为采用部分平衡的钢丝绳卷扬式、承船厢下水式垂直升船机，承船厢室水体与上游水库直接连通，最大提升高度为 47.00m，主塔楼由承重塔柱（筒体）、承船厢室以及上部机房 3 个部分组成，总长为 79.00m，宽度为 44.00m，建筑总高度为 95.50m。承重塔柱对称布置在承船厢室的左、右两侧，承船厢室宽为 18.00m，塔柱底板由筏板基础连为整体，顶部通过板梁结构连接，构成上部机房的基础，并使得整个主塔楼形成一个巨型框架结构体系[5]。由于承船厢室水体与水库连通，塔柱筒壁需承受巨大的外水压力，且承船厢出入水过程挤压承船厢室水体，水流对承船厢底部产生吸附力和冲击力，影响厢内船舶安全及升船机提升系统运行稳定性，此外承船厢室水体水面波动也对引航道水流条件产生不利影响，因此需要制定承船厢出入水阶段速度控制标准。乌江构皮滩第一级垂直升船机主塔楼典型剖面图见图 2-3。

二、 结构主要荷载

作用于升船机建筑物上的荷载包含建筑物自重，机电设备自重，安装、运行、检修荷载，水压力和扬压力，浪压力，土压力，泥沙压力，风荷载，楼面及平台活荷载，地震作用，温度作用等。

三、 结构薄弱部位的加强措施

因主塔楼塔柱一般采用薄壁组合式结构，结合地形地质条件，从结构的整体性、刚度着手，考虑水平荷载为主及日照引起的温度应力的荷载条件，满足使用要求和设备安

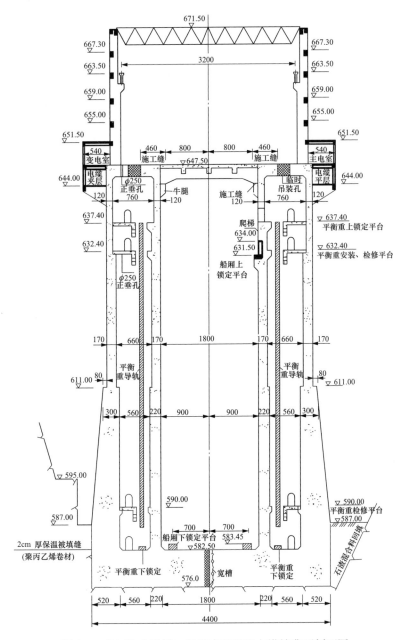

图 2-3 乌江构皮滩第一级垂直升船机主塔楼典型剖面图

装维修方便等原则，根据 GB 51177—2016《升船机设计规范》，对于可能出现的薄弱部位，可采取下列结构薄弱部位的加强措施。

（1）增加塔楼结构与基岩连成整体的措施，如固结灌浆、预应力锚杆施工等。

（2）为提高塔楼结构抗震性能，增强结构整体性，平衡重段顶部可增设联系大梁，以限制塔楼顶部位移。

（3）在塔楼结构中增设暗梁、暗柱，以加强结构刚度。

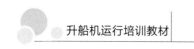

（4）在塔楼变截面高程和顶部高程增设抗震钢筋。

同时，承重结构的抗滑、抗倾覆、抗震稳定应满足 GB 51177—2016《升船机设计规范》。

第三节　上闸首及上游引航道

一、　上闸首

1. 建筑物结构组成

上闸首是升船机上游挡水建筑物，主要由通航孔口、工作门、过船防撞设施及各部分之间的交通结构等基本部分组成，可兼做挡水坝段与大坝共同形成挡水结构。一般采用混凝土重力式结构，上闸首兼做挡水坝段时，可采用分离式结构或整体式结构。根据基础地质条件确定，上闸首下部通常为大体积混凝土结构，并将上闸首段的下游面设置为垂直面，以实现与承船厢衔接。

上闸首与引航道之间的连接方式主要决定于地质条件。由于升船机克服的水位差通常很大，因此，上闸首顶至升船机承船厢室底面的高度也就很大。在软土地基上，一般多用渡槽结构把闸首与引航道连结起来；在岩基上，可建衬砌墙，闸首就建在衬砌墙上，与衬砌墙连成一体，也可采用渡槽来连接。

下面介绍上闸首兼做挡水坝段时的建筑物结构组成。

（1）通航孔口。其宽度和底槛高程满足航道等级、通航规模和上游最低通航水位等条件。

（2）工作门。通常设置挡水工作闸门和检修闸门。挡水工作闸门为超过上游最高通航水位时阻挡洪水之用，兼有与承船厢对接作用；检修闸门为检修挡水闸门及下游渠道时挡水之用。

（3）坝顶桥面结构。坝顶桥面结构主要由门机梁、交通桥梁（包括机动车桥梁和人行桥梁）及工作桥梁（包括设备、检修等桥梁）等部分组成。

（4）过船防撞设施及其他。为防止船队（舶）直接撞击工作闸门，应在工作闸门前设置防撞设施。部分电站为将上闸首上游部分的淤沙排走，设置了排沙孔。上闸首与一般的混凝土重力式结构一样，灌浆、排水设施的设置也是必要的。

2. 主要荷载

上闸首结构主要荷载为混凝土自重、水体重、静水压力（含闸门支承压力）、扬压力、泥沙压力、浪压力、地震惯性力及地震动水压力等。

二、　上游引航道

上游引航道是垂直升船机承船厢内水域经上闸首后与上游天然河道连接的部分，其平面轮廓和尺度的合理性保证了通航期内过坝船队（舶）畅通、安全行驶。

上游引航道位于坝轴线上游，与库区相连，主要建筑物有导航和靠船建筑物，满足系船、靠船、交通、防护、检修、照明及信号等的要求。

（1）导航建筑物主要将航道与坝前水域分隔开来，以形成平静的航道。其主要结构型式为各式固定结构，如重力式导航墙；而水深和水位变幅较大的水电站宜采用浮式结构，一般由浮动结构（如浮筒、浮堤）、水下固定结构及两者之间的联系部分组成。

（2）靠船建筑物型式主要有重力式靠船墩、靠船构架等。

三、 工程实例

1. 水口升船机

水口升船机上闸首顺水流方向总长度为 63.50m，分两期施工，一期工程在枢纽首期工程中建成，由上游检修闸门挡水，挡水标准为洪水频率 $P=0.01\%$（万年一遇）洪水位。上工作门段顺水流方向长度为 15.00m，与垂直升船机一起为二期施工部分，由于受力和布置要求与上闸首连为一体共同挡水。为保证一、二期施工的两个结构段良好结合和整体受力，设计对一、二期结构分缝处采取了键槽、插筋、凿毛、增设止水等工程措施。

一期结构顺水流向长为 48.50m，前缘顶宽度为 34.00m，最大高度为 70.43m（顶部高程为 74.00m，建基面高程为 3.57m）。门口净宽为 12.00m，左、右边墩宽分别为 10.50、11.00m。

上工作门段长度为 15.00m，垂直水流方向最大宽度为 33.00m，上工作门段航道槽净宽为 12.00m，帷墙顶面高程为 52.50m，挡水工作闸门设在上工作门段。在上闸首 43.50m 高程设有交通廊道，可通往塔楼 43.50m 高程平台。在上闸首高程 66.00m 设置液压泵站和机房，供上闸首挡水工作闸门启闭机使用。

水口升船机上游引航道按垂直升船机与三级船闸共用原则设计，宽度满足三船舶相错航行要求，船队采用直进曲出方式运行。上游引航道由导航段、调顺段、靠船段组成，全长 356.5m。升船机靠右岸边坡主导航结构为重力式，基础落在衬砌混凝土上，为 80.00m 长的实体混凝土墙，3 个导航墩和 5 个靠船墩均分布在上游引航道右岸侧。左侧主导航结构由实体导墙和浮式导航堤组成，实体导墙平面与船闸一闸首口门按 1：7.5 坡度连接，将引航道与溢流坝隔开，以减少泄洪时的水流干扰，上游端与浮式导航堤相连，浮式导航堤由 4 条钢筋混凝土趸船和锚系结构组成。辅导航墙呈圆弧形，采用重力式结构，长度为 26.50m。

2. 思林升船机

思林升船机上闸首位于其主体段，长为 4.50m，宽为 40.00m，设置一个带倒卧式小门的平板工作门。上闸首与上游引航道间设置中间通航渠道，全长为 64.40m，底宽为 12.00m，全渠位于左岸非溢流坝段，该段设置一个检修闸门。

上游引航道位于水库内，全长为 236.40m，起止桩号为航 0−236.40m（以航 0 为基准，"−"代表逆水流方向，"＋"代表顺水流方向）至航 0＋000m，其中前 38.40m 为转弯段，转弯半径为 220°，转角为 10°，底宽为 38.00m，在上游引航道中，航 0−055.00m 至航 0＋000m 为上游导航段，底宽变为 12.00m，进口右侧设浮式导航墙，由四跨混凝土墩式导航浮堤组成，进口左侧设混凝土挡墙式，呈圆弧形，引航道中设有上游调顺段、停泊段，左侧设 4 个靠船墩[3]。思林升船机平面布置图及剖面图见图 2-4 和图 2-5。

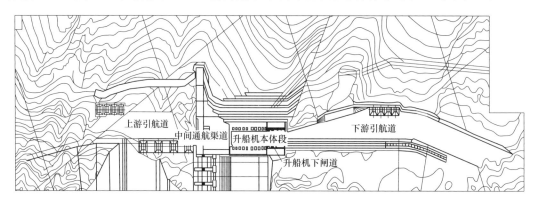

图 2-4　思林升船机平面布置图

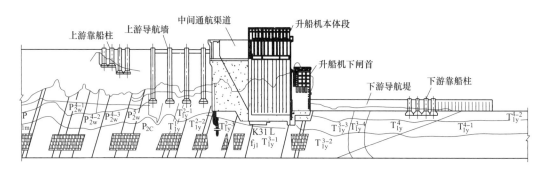

图 2-5　思林升船机剖面图

第四节　下闸首及下游引航道

一、下闸首

1. 建筑物结构组成

下闸首是升船机的下游挡水建筑物，主要由通航孔口、工作门、检修门及两侧挡墙结构、启闭构架等组成，上接升船机主体段，下接下游引航道。与上闸首一样，可采用分离式或整体式结构。

（1）通航孔口。其宽度与上闸首相同，孔口底板高程应满足船队（舶）在下游最低通航水位运行时门槛水深的要求。

（2）两侧挡墙。一般为大体积混凝土挡墙结构，断面满足结构受力要求，其顶高程，应满足下游最高通航水位或下游检修水位加安全超高时的挡水要求，同时要考虑该处两侧水流的状态。

（3）工作门及检修门。下闸首一般应设工作闸门和检修闸门各一道。工作门一般采用下沉门，检修门可采用平板门或浮坞门形式。若船厢直接下水，则下闸首可不设工作门。

（4）启闭结构。下闸首一般设定固定的启闭结构，因此建筑物结构布置通常预留固定启闭结构的位置。

2. 主要荷载

下闸首主要荷载为混凝土自重、水体重、静水压力（含闸门支承压力）、扬压力、地震惯性力及地震动水压力。

二、　下游引航道

下游引航道是升船机与下游河流相连接的航道，其上游紧接升船机下闸首，下游出口与河道相接。下游引航道的底高程满足下游最低通航水位时最大船队（舶）满载航行的航道水深。

下游引航道的主要建筑物有导航和靠船建筑物。由于下游水深较小，考虑工程枢纽下泄水流的影响，导航建筑物一般采用固定结构，而不采用浮式结构。根据下游引航道不同区段的水流条件，可采用不同型式的导航结构，如混凝土重力式、墩板式等，如下游流态平稳，也可采用排架结构。导航结构的顶高程，除满足下游最高通航水位时最大船队（舶）空载干舷高度要求外，还应考虑通航期工程枢纽的水流条件。

三、　工程实例

1. 水口升船机

水口升船机下闸首段顺水流方向长度为 30.00m，垂直水流方向的最大宽度为 34.00m，顶部高程为 43.50m，建基面高程为 -1.50m，集水井基础高程为 -18.00m，最大高度为 61.50m。下闸首按挡 $P=1\%$ 洪水设计，在 43.50m 高程上设有两座启闭机房，平面尺寸为 6.50m×11.05m，对称布置在左、右边墩上。

下闸首航道槽净宽度为 12.00m，槽底面高程为 3.50m，槽下游段设有平面滑动检修钢闸门，用于拦挡下游 $P=1\%$ 洪水位及停航检修时挡水。升船机运行时，检修闸门分 4 节储存于下闸首 31.50m 高程的检修平台上。从高程 43.50m 至下游导航墙顶高程 23.80m 设有左右交通楼梯。水口升船机下游导航墙左导墙为实体重力式结构，总长度为 18.00m。右导墙由重力式结构和衬砌式结构两部分组成，重力式结构长度为 30.00m，衬砌式结构长度为 22.00m，总长度为 52.00m。下游导航墙建基面高程为导流明渠开挖高程（约 2.97m 高程）。导航墙顶部高程为 23.80m，其总高度约为 20.83m。

2. 思林升船机

思林升船机下闸首长为 24.50m，宽为 24.00m，设置一个带倒卧式小门的平板工作门，在其下游还设置一扇事故检修闸门。下游引航道全长为 441.06m，顺水流方向布置下游导航段、停泊段、转弯段、出口段，下游导航段右侧设置长 316.56m 的混凝土倒"T"导航墙，并在导航墙中每间隔 5.00m 设置 1.00m 宽孔洞，以改善引航道出口处的流态，便于船舶进出，下游导航段的出口为下游调顺段，停泊段的左侧靠岸坡设置 4 个靠船墩[3]。

第五节　水工安全监测及建筑物维护

一、　水工安全监测

升船机水工建筑物的安全运行是升船机安全运行的关键。尤其塔楼是高柔结构，受力条件复杂，为掌握升船机水工建筑物的工作性态，及时发现问题，并检验设计理论，加强水工建筑物监测是十分必要的。升船机安全监测主要项目包括巡视检查、变形监测、渗流监测、应力应变和温度监测、环境量监测及其他专项监测（近坝区边坡稳定监测、坝体地震动反应监测、泄水建筑物水力学监测），根据升船机各建筑物布置水工监测项目，见表 2-2。

表 2-2　　　　　　　　　升船机工程主要水工建筑物监测项目

各建筑物名称	水工建筑物监测项目
上闸首	变形、渗流渗压、应力应变
底板	沉降、渗压监测、混凝土温度监测、钢筋应力监测及接缝开合度监测
塔柱	水平位移计挠度监测、垂直位移监测、应力应变监测、混凝土温度及开合度监测（一、二期混凝土结合面开度）、强震监测、风荷载监测等
下闸首	渗流渗压
边坡	变形监测、支护应力监测及地下水位监测等
巡视监测	巡视检查分日常巡查、特别巡查

水口升船机作为国内在运行的卷扬式垂直升船机的典型代表，积累了较多的水工监测经验，以下重点介绍水口升船机的水工监测布置。根据水口升船机主体建筑物的结构特点，结合工程实际情况，做到以安全监测为主。主要监测项目有变形监测，塔楼内部的接缝、应力、应变、温度监测，强震监测以及高边坡稳定监测等。升船机监测布置图（外观设备）见图 2-6，水口升船机监测项目汇总表见表 2-3。

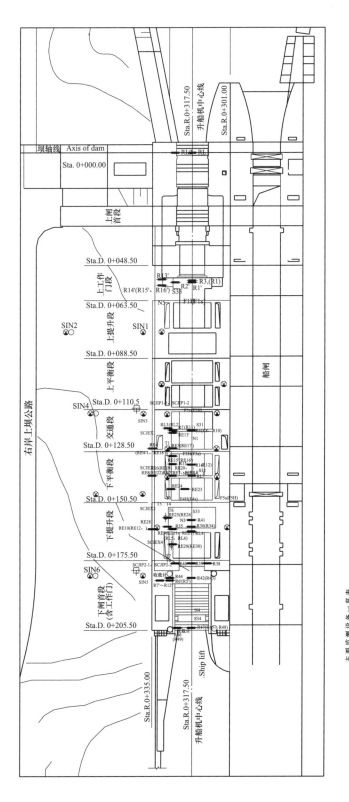

主要监测设备一览表

序号	图例	仪器名称
1		应变计组 Strain meter of five directer
2		温度计 Thermometer
3	⊢φ	钢筋计 Reinforcement meter

序号	图例	仪器名称
4		无应力计 No-Stress meter
5		测缝计 Joint meter
6		渗压计 Piezometer

序号	图例	仪器名称
7		引张线 Wire gauge
8	⊗	沉降监测点 Settlement
9		正垂线 Drected plumbline

序号	图例	仪器名称
10		测斜监测孔 Inclinometer survey point
11		绕坝渗流监测孔 Seepage flow around dam survey point
12		强震监测点 Seismograph

图 2-6　升船机监测布置图（外观设备）

表 2-3　　　　　　　　　　　　　　水口升船机监测项目汇总表

工程部位	监测类别	监测项目	监测方法或仪器	测点数量（个）	在测数量（个）	单位	监测频次	
							人工	自动化
升船机	变形	水平位移	正垂线	20	20	台	—	1次/天
			收敛计	2	0	个	—	—
		垂直位移	几何水准	12	12	个	1次/月	—
		接缝变形	二向测缝计	5	5	组	—	1次/天
	应力应变及温度	混凝土温度	温度计	8	3	支		
		混凝土应力应变	应变计	15	12	支		1次/天
			无应力计	5	3	支		
		钢筋应力	钢筋计	77	49	支		
右岸高边坡	变形	水平位移	倒垂线	4	4	台	1次/月	1次/天
			引张线	4	4	台	1次/月	1次/天
			伸缩仪	4	4	套	—	1次/天
		深部变形	测斜孔	6	3	套	—	1次/天

注　高、低温季节以及高水位等工况下，自动化监测频次调整为不低于3次/天。

1. 变形监测

水口升船机变形监测项目有塔楼水平位移、接缝及沉陷观测。水口升船机整个塔楼结构采用薄壁的日形和 E 形相结合的型式，根据动力计算，位移是上大、下小，沿高程向下逐渐减小，由于基础变位较少，故采用正垂线法观测塔楼相对于基础的挠度。为全面监测主塔楼的工作状态，并与设计成果作比较，选择下主升段、下平衡重段及交通段作为代表段布置观测仪器。由于下提升段结构比较复杂，受力不均匀，故在该段 E 形结构的上、中、下 3 个部位各设一对正垂线，而平衡重段及交通段结构比较对称，因此只在该两结构段中部设一对正垂线。正垂线设备由支点装置、夹线装置、垂线、保护管、油桶、垂线坐标仪底座等组成。升船机正垂线采用智能型电容式垂线坐标仪实现自动化监测，频次为 1 次/天。升船机垂线及测缝计布置见图 2-7。

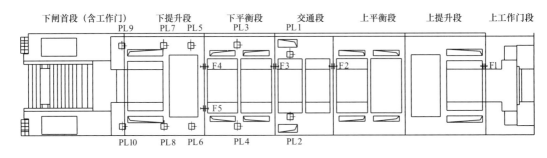

图 2-7　升船机垂线及测缝计布置图

在上闸首工作门段和下闸首工作门段各设 1 对相对位移测点，采用收敛计观测左右塔柱间的相对位移，但限于现场条件一直未观测。

　　结合塔楼的挠度监测，在塔楼顶部 74.00m 高程，各 E 形结构的接缝处设两向测缝计组，以监测结构缝的张开和错动情况，为自动化监测，频次为 1 次/天。测点位置见图 2-7。

　　在上提升段、上平衡重段、下平衡重段、下提升段（74.00m 高程）各埋设一对沉陷观测点，交通段埋设两对沉陷观测点，以观测各结构段间的不均匀沉陷，目前观测频次为 1 次/月。升船机沉陷测点布置见图 2-8。

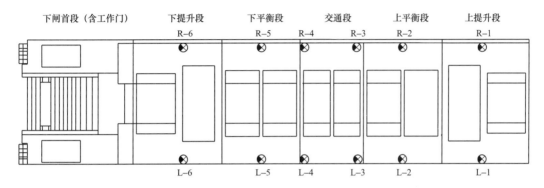

图 2-8　升船机沉陷测点布置图

2. 塔楼内部应力、应变及温度监测

　　应力、应变及温度监测项目包括结构荷载、应力及应变、温度等。应力、应变及温度监测应与变形监测和渗流监测项目相结合布置，重要的物理量可布设互相验证的监测仪器。

　　为了监测水口升船机结构在荷载作用下的应力、应变及钢筋应力情况，在下列部位布置仪器：温度计共 8 支，布置在平衡重段、提升段，监测混凝土温度；应变计组（三向）共布置了 5 组，埋设在底板（4 组）和上工作门段右侧（1 组），监测混凝土应变；钢筋应力是升船机重要监测项目，共布置 77 支钢筋计，其中升船机底板布置了 27 支，塔楼右塔柱布置了 27 支，EL74.0 平台联系大梁布置了 9 支，上工作门段和下闸首共布置了 14 支。

　　为了解塔楼、柱底部受年温升、温降的影响而产生的应力、应变情况，在交通段、下平衡重段、下提升段底板及上工作门段、下闸首底部各选一个断面布置钢筋计、应变计、无应力计。

　　为监测上工作门段、下闸首底部闸门槽周围受水荷载作用而产生的应力、应变，在上工作门段 33.00m 高程和 36.00m 高程处门槽附近各设 2 支钢筋计。在下工作门段 3.20m 和 18.00m 高程处门槽附近各设 4 支钢筋计。

　　根据计算分析，塔楼结构在工作状态时，在 0.50m 高程和 43.50m 高程结构突变部位有应力集中现象，因此，选交通段、下平衡重段、下提升段的 E 形结构中墩，分别在 0.50m 高程和 43.50m 高程处布设钢筋计。

43.50m 高程以上塔楼受日照影响产生温度应力，因此在下提升段、下平衡重段 E 形结构两侧边墩 61.0m 高程处，除布置钢筋计外，还在边墩的内外两侧各设一温度计，以监测内外温差，以此推算温差引起的温度应力。

内部观测仪器布置位置详见图 2-9。

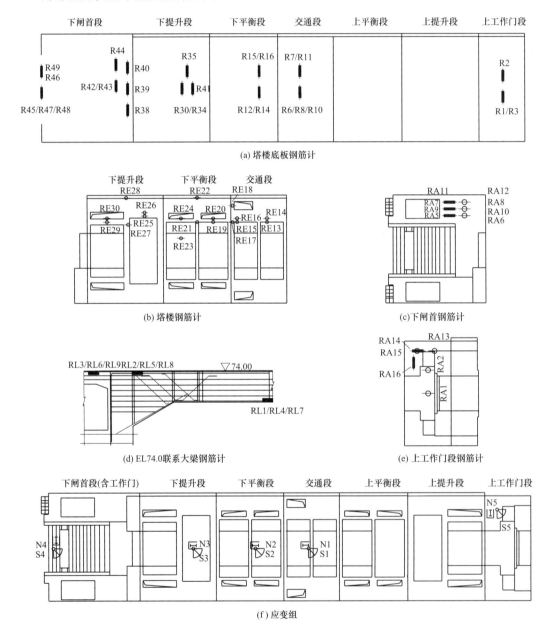

图 2-9　内部观测仪器布置图

3. 强震监测

为了监测在地震情况下建筑物的结构响应，根据升船机塔楼 E 形结构的特点，选择下提升段和下平衡重段作为典型段观测结构振动反应，在下提升段右侧中墩沿高程布置 3 个测点。由于塔楼底部是地震输入点，故布置三分向测点（垂直、顺河、横河向），塔楼顶部加速反应最大，布置二分向（横河、顺河）。因横河向刚度小、频率低、阻尼小，是最危险的方向，故在 43.50m 高程处布置横河向拾震器。在下平衡重段中墩布置 2 个测点，顶部布置二分向（横河、顺河），43.50m 高程处布置一分向（横河）。自由场选在左坝肩基岩上，布置了三分向拾震器，以便进行比较分析。

4. 升船机高边坡监测

升船机右侧高边坡与升船机结构连接在一起，高边坡的稳定直接关系到升船机的安全运行。为监测高边坡的稳定情况，在边坡范围内布置了 6 个测斜观测孔（编号为 SIN1～SIN6）和 2 个地下水位测孔。升船机投入运行后，为加强边坡和升船机绝对变形的实时监测，在升船机右侧边坡 32m 高程平台上增设一条引张线和两条倒垂线，在引张线测点与升船机塔楼间增设 4 套杆式伸缩仪（编号为 GS1～GS4），监测塔楼的绝对变形，新增观测设施均接入自动化系统。

升船机右岸边坡监测布置见图 2-10。

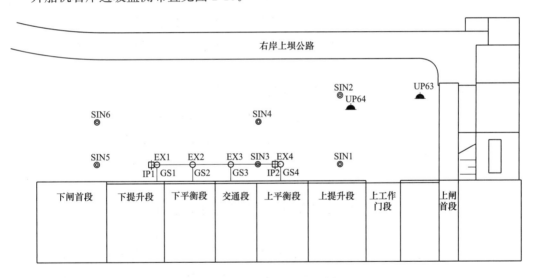

图 2-10　升船机右岸边坡监测布置图

右岸高边坡垂线和引张线人工观测每月 1 次，自动化监测每天 1 次。垂线人工观测采用 MZ-1 型垂线瞄准仪，自动化监测采用 RZ-25 型电容式遥测垂线坐标仪。引张线人工观测采用读数尺，自动化监测采用 RY-20 型电容式引张线仪。伸缩仪仅自动化监测，频次为 1 次/天。

5. 自动数据采集系统

在水口升船机监测设计中，根据塔楼的结构特点及动力特性计算成果，合理选择监测项目，布置监测仪器设备。为迅速及时地取得升船机主体建筑物工作性态的各种信息，将升船机系统设置的主要监测仪器接入 DAMS-IV 型智能分布式数据采集系统（也称自动数据采集系统），同时配套以 DSIMS 大坝安全监测信息管理系统，可实现监测项目的自动数据采集（或远程采集）及人工录入、离线分析、安全管理、网络系统管理、数据库管理、图形和报表制作、远程辅助监控及远程辅助服务等功能。所取得的监测成果将为升船机安全运行提供依据，为检验设计成果提供实测数据。

二、 建筑物维护

升船机水工建筑物检查与维护是确保升船机安全稳定运行的重要工作之一，对建筑物缺陷的及时处理、安全隐患的排查整治，是保证平稳通航的重要措施。水口升船机运行 15 年来，积累了丰富的建筑物维护经验。下面着重介绍水口升船机的水工建筑物检查维护内容：

（一）建筑物检查

升船机建筑物的检查主要分为日常检查、年度检查和特殊检查。

1. 日常检查

根据升船机的实际情况制定巡视检查的程序，程序中包括检查项目、检查顺序、记录格式、编制报告的要求，由专人负责组织实施。检查次数每周不宜少于一次，汛期视汛情增加次数；库水位达到设计水位或水库发生洪水期间，根据需要增加检查次数。

2. 年度检查

每年汛前、汛后，枢纽工程建筑物遭遇洪水、台风、高气温、低气温等自然灾害，水库高水位、死水位等情况，对升船机进行较为全面的巡视检查。年度巡视检查除对升船机各种设施进行外观检查外，还应审阅大坝运行、维护记录和监测数据等资料档案，每年不少于 2 次。

3. 特殊检查

当坝区及其附近发生有感地震或大坝遭受特大洪水、强台风以及其他特殊情况时，应及时进行特殊检查。

每次检查均应做好详细的现场记录，必要时应附有略图、素描或照片。现场记录必须及时整理、登记专项卡片，还应将本次检查结果与上次或历次检查结果对比，分析有无异常情况。在整理分析过程中，如有疑问或发现异常迹象应立即对该检查项目进行复查，以保证资料准确无误。当检查中发现异常情况时，应立即编写检查报告，及时上报。年度详查或特殊情况下的检查，在现场工作结束后一个月内，必须提交详细的检查报告。

4. 检查项目

升船机检查的项目包括建筑物部分和监测系统部分。

（1）升船机建筑物检查项目应包括但不限于下列内容：

1）建筑物有无裂缝、渗漏、溶蚀、磨损、空蚀、碳化和钢筋锈蚀等情况。

2）闸首、主塔楼、底板、输水廊道有无不均匀沉陷；攀梯钢构件锈蚀情况，通气孔是否畅通。

3）上下游引航道是否有淤积、隔流墩有无不均匀沉陷，有无溶蚀、磨损、碳化和钢筋锈蚀等情况。

4）上下游停泊区建筑物是否运行正常。

5）伸缩缝、集水井、排水管（孔）是否完好，排水地漏是否堵塞。

（2）升船机建筑物监测系统检查项目应包括但不限于下列内容：

1）大坝安全信息管理系统检查。应检查系统软件运行情况、采集结果、测次与NDA（采集模块）设置是否相符、数据采集重复性等。

2）垂线、引张线现场检查。主要检查自由度、测点是否完善，吊丝是否脱落，浮船液面是否过高或过低等并及时作相应处理，并定期作线体线性试验，检验传感器精确度。

3）IDA（新科数据自动采集记录系统）内观自动化系统检查。系统每周进行一次常规检查，并填写运行日志，汛期前后应各做一次全面检查；检查系统的母线电压和各模块电源电压；观察母线防雷板及各模块，有无异味、烧伤痕迹及温度偏高现象；检查系统的接地电阻，否则应进一步检查并分析原因；检查单根仪器芯线的对地绝缘；检查两终端箱的对地电压，即在通电情况下，两终端箱的对地电压差值应为0。两终端箱的对地电压差值不为0，将导致模块损坏；检查终端箱恒温器指示、是否正常工作等内容。

4）强震自动观测系统检查。每月对系统进行一次检查，检查内容包括直流电源系统、传感器系统、传输系统和触发记录系统是否正常。在发生地震及雷雨天气的特殊情况下，要及时检查。检查内容包括各电子加速度计工况、采集器工况、电源控制器及记录情况检查；检查系统程序软件，启动并检查所记录数据；检查TDPP（泰德电源控制器）；检查蓄电池使用情况；检查各数据采集器的工作状态；现场检查各加速度计各向接头松紧情况，定期测试各电缆电阻。

（二）建筑物维护

升船机建筑物的维护同样包括了建筑物部分和监测系统部分。

1. 升船机水工建筑物维护

按照升船机检修规程，每年进行岁修，每三年定期进行一次全面性大修。同时水口水电站每年设立"通航建筑物维护"工程项目，每年对建筑物进行缺陷处理、安全隐患整治等维护。

（1）针对主塔楼、上下闸首、导航墙、靠船墩等水工建筑物混凝土裂缝、渗漏、溶蚀、磨损、空蚀、碳化和钢筋锈蚀等情况进行相对应的修补，如机房墙面渗水处理、升船机集控室屋顶渗水处理。同时对升船机右岸高边坡进行防护处理，如检查发现重大缺陷，设立年度大修项目进行处理。

（2）每年对升船机下游引航道距下闸首10.00m位置进行引航道清淤，清淤后应进行水下录像和地形测量，并每两年测量一次升船机上游引航道泥沙淤积情况。

（3）每年对升船机排水系统（集水井、排水地漏等）进行清淤、疏通。

（4）结合大坝安全定期检查周期，对升船机上游检修门门槽周边混凝土进行水下检查，并对发现的缺陷进行水下修补。

2. 升船机水工建筑物监测系统维护

（1）监测资料整编。包括仪器监测资料、巡视检查资料和有关监测设施变动或检验、校测等资料的收集、填表、绘图、初步分析和编印等工作。所有监测资料要求存入计算机后，在打印成册的同时，还应在磁载体内存储备份，将电子版和汇签后打印的册子同时提交档案室备案。每年应进行一次资料整编，在每年第一季度前必须将上一年度的监测资料整编完毕。整编的成果应做到项目齐全，考证清楚，数据可靠，图表完整，规格统一，说明完备。

（2）针对巡视检查发现的监测设备故障、观测设备老旧、安全监测系统故障、不满足日常需求等问题，进行监测设备及系统的维护、更新、改造。

第三章 主提升及平衡重系统

第一节 主提升系统简述

主提升是升船机的动力输出机构，是承船厢升降运行的动力来源。主提升的形式有多种，较为常用的有钢丝绳卷扬提升式（如水口升船机）、齿轮齿条爬升式（如三峡升船机）、水力驱动式（如景洪升船机）等。

在钢丝绳卷扬式垂直升船机中，主提升是垂直悬吊并驱动承船厢升降运行的机械设备，包括卷扬提升机构、减速器、制动系统、卷筒及同步轴系统、平衡重系统、润滑系统等。承船厢通过钢丝绳、卷筒及滑轮组与承船厢两侧的平衡重相连，平衡重总重量与承船厢总重量相等，达到全平衡状态，在主电气传动控制系统驱动牵引下实现垂直升降。

齿轮齿条爬升式垂直升船机通过承船厢内的驱动机构驱动齿轮在垂直安装的齿条上升降运行，它的驱动机构与平衡重卷筒是分开的，这是它与钢丝绳卷扬提升式垂直升船机的最大不同之处。

水力式升船机的基本原理是将平衡重做成重量和体积合适的浮筒，浮筒井布置在升船机塔楼中，平衡重浮筒的结构重量及配重重量分别大于承船厢结构重量和承船厢水体重量，通过控制浮筒井内水位的升降，改变平衡重浮筒的入水深度，实现浮筒的浮力变化，利用承船厢重量与浮筒重量之间的差值来驱动承船厢升降运行。

第二节 主提升机械设备

卷扬式垂直升船机的主提升设备主要包括驱动电动机、减速器、制动器及其液压系统、卷筒及同步轴系统、润滑系统等。

一、 提升机构

卷扬式垂直升船机通常设有4个吊点，每个吊点分布一套提升机构，每套配置一台驱动电动机。高速端的电动机通过减速器驱动钢丝绳卷筒低速运转，实现升船机承船厢上下运行。

（一）减速器

减速器为全封闭式，减速器的输入端与驱动电动机连接，减速器有两个输出端，一端连接卷筒，另一端连接刚性同步轴。减速器采用带冷却装置的专用润滑泵站进行循环润滑，每台减速器配备一套独立的润滑泵站。

（二）制动系统

每个吊点设有一套制动系统，共 4 套，对称布置。每套制动系统由制动器装置及其液压系统组成，设有工作制动器和安全制动器，实现主卷扬装置的两种制动方式：即高速轴端的盘式制动器为工作制动器，用于停机制动；卷筒端的盘式制动器为安全制动器，用于主提升卷筒和可控平衡重装置卷筒的安全制动。工作制动器和安全制动器由共用的一套液压系统控制，实现制动器的上闸和松闸。

工作制动器和安全制动器动作程序：正常工况下执行船厢正常运行制动系统动作程序，即先执行高速端上的工作制动器停机制动（制动驱动电动机），延时数秒后，再执行位于低速端的安全制动器制动（制动卷筒）。当紧急事故状态时执行船厢运行事故制动系统动作程序，紧急制动也称为二级制动。即先执行工作制动器按整定的压力非全压制动，经延时后再执行工作制动器、安全制动器全压上闸制动。二级制动对系统冲击较大，仅当发生重大机械故障、系统掉电、整机失电 3 种情况时，系统会自动执行二级制动。

（三）制动器液压系统

升船机制动器液压系统主要由油泵电动机组、系统阀块、蓄能器、油箱及辅件、系统压力表、压力控制器等组成，升船机制动器液压系统图如图 3-1 所示。主提升卷筒安全制动器

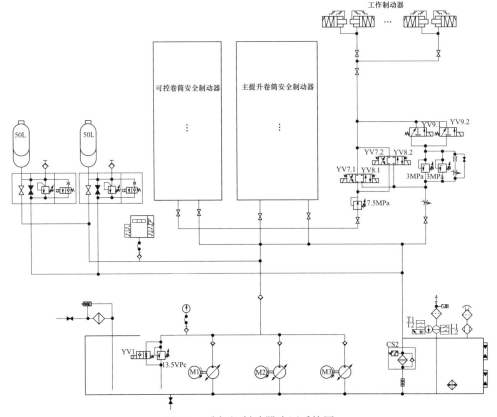

图 3-1　升船机制动器液压系统图

与可控卷筒安全制动器控制阀组分开设置。液压系统还有一些检测用的压力传感器，对制动器上闸、松闸进行监视，对泵站的常见故障如系统欠压、过压等进行检测报警。

1. 工作制动器动作流程

工作制动器液压系统图如图3-2所示。

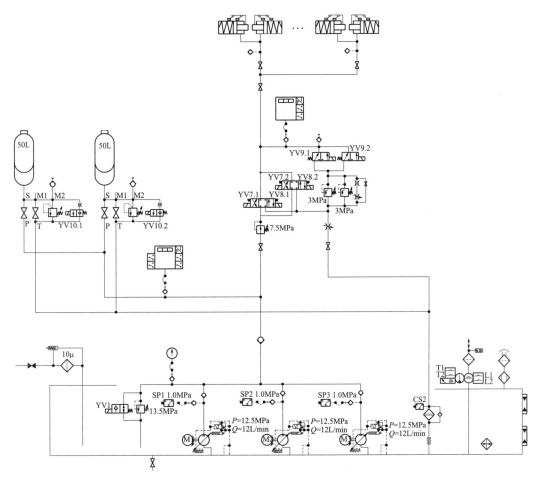

图3-2 工作制动器液压系统图

松闸动作流程：电磁阀 YV1 得电动作，油泵建压，蓄能器完成充压，电磁阀 YV8.1、YV8.2、YV9.1、YV9.2 得电动作（见表3-1），压力油进入制动器管路，实现工作制动器松闸，并由蓄能器保持松闸压力。

表 3-1　　　　　　　　　　　工作制动器液压系统动作表

工况	电磁阀						
	YV1	YV7.1	YV7.2	YV8.1	YV8.2	YV9.1	YV9.2
松闸	+	−	−	+	+	+	+
上闸	−	+	+	−	−	−	−

注　"+"代表得电，"−"代表失电。

上闸动作流程：电磁阀 YV7.1、YV7.2 得电动作，电磁阀 YV9.1、YV9.2 失电动作（见表 3-1），工作制动器在弹簧力的作用下完成上闸。

2. 安全制动器动作流程

安全制动器液压系统图如图 3-3 所示，安全制动器液压系统动作表见表 3-2。

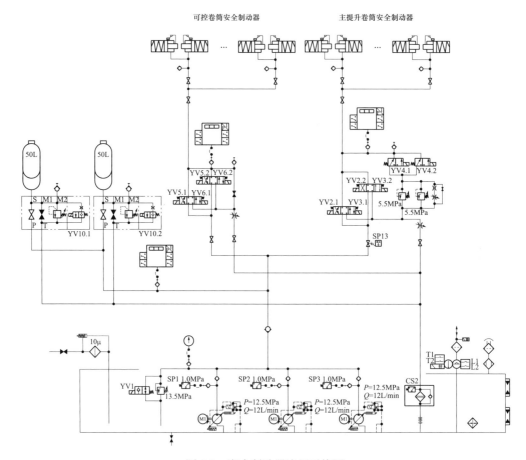

图 3-3　安全制动器液压系统图

表 3-2　　　　　　　　　　　　　安全制动器液压系统动作表

工况	电　磁　阀										
	YV1	YV2.1	YV2.2	YV3.1	YV3.2	YV4.1	YV4.2	YV5.1	YV5.2	YV6.1	YV6.2
松闸	＋	－	－	＋	＋	＋	＋	－	－	＋	＋
上闸	－	＋	＋	－	－	－	－	＋	＋	－	－

注　"＋" 代表得电，"－" 代表失电。

松闸动作流程：电磁阀 YV1 得电动作，油泵建压，蓄能器完成充压，电磁阀 YV3.1、YV3.2 、YV6.1、YV6.2 、YV4.1、YV4.2 得电动作，压力油进入制动器管路，实现安全制动器松闸，并由蓄能器保持松闸压力。

上闸动作流程：电磁阀 YV2.1、YV2.2、YV5.1、YV5.2 得电动作，同时，电磁阀 YV4.1、YV4.2 失电动作，主提升安全制动器和可控安全制动器在弹簧力的作用下完成上闸。

3. 承船厢运行动作流程

（1）启动泵组，工作制动器松闸到位，消除减速器齿轮间隙，而后工作制动器上闸到位。

（2）启动主提升电动机，主提升卷筒和可控平衡重卷筒安全制动松闸到位，施加预加力矩，工作制动器松闸，主提升电动机开始牵引主提升机构动作，完成承船厢上、下运行。

（3）承船厢停机时，通过系统位置控制，减速对位，至指定位置后停止运行，而后工作制动器上闸到位，接着安全制动器全部上闸到位，系统停机。

4. 二级上闸动作流程

当发生机械故障、系统掉电及整机失电 3 种情况时，系统会自动执行二级制动。二级制动动作流程如下：

（1）工作制动器按整定压力上闸：工作制动器开始执行上闸动作，电磁阀 YV8.1、YV8.2 失电动作，电磁阀 YV9.1、YV9.2 失电动作，制动器管路压力油经溢流阀和节流阀泄压至设定的预上闸压力值，完成第一阶段的带压上闸。接着，电磁阀 YV7.1、YV7.2 得电动作，完成全部泄压，实现工作制动器全压上闸。

（2）工作制动器上闸到位几秒后，主提升安全制动器和可控安全制动器执行上闸动作。

二、同步轴系统

同步轴系统由轴承座、万向联轴节、鼓形齿联轴节等组成，如图 3-4 所示。同步轴系统在 4 个吊点之间采用内环式闭环刚性同步轴将升船机主卷扬装置连接在一起，其功用有二，其一是实现 4 个吊点机械同步；其二是升船机运行过程中，当一台电动机发生故障时，通过刚性同步轴拖动，可以实现 3 台电动机拖动故障电动机运行，完成给定的运行程

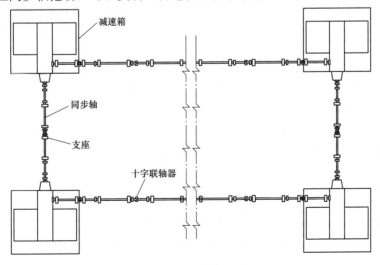

减速箱

同步轴

支座

十字联轴器

图 3-4　同步轴布置示意图

序。同步轴系统中设有扭矩传感器,对同步轴系统的扭矩变化进行监测。为了更好地适应塔楼温度伸缩和地震时塔楼顶部的变位,闭环刚性同步轴跨缝段采用的是可以轴向伸缩的万向联轴节连接。因此,船厢在升降运行过程中如发生任一同步轴断裂,都不会影响升船机的正常运行。

第三节　平　衡　重　系　统

平衡重是指用于平衡承船厢重量的设备,用以满足升船机各种工况下的安全平稳运行。根据作用不同,平衡重分为转矩平衡重、可控平衡重、重力平衡重3种。其装置主要由钢丝绳、钢丝绳调节装置、平衡重框架、平衡重块及附件组成。

一、 转矩平衡重

转矩平衡重是指通过对主提升卷筒施加转矩来控制承船厢启停的一组平衡重。转矩平衡重悬挂在主提升卷筒上,每个主提升吊点处挂装2组,每个吊点的2组转矩平衡重用钢梁连在一起沿导轨升降,共8组。在转矩平衡重卷筒上安装有安全制动器。

二、 可控平衡重

在实际运行中,承船厢不可能保持绝对水平,承船厢和设备的重量也不可能布置得完全均匀,一旦发生失水,偏载就会使承船厢在失水量远未达到设定值时引发瞬间倾覆。可控平衡重装置的设置就是为了提高船厢的纵向抗倾覆能力,同时,分担部分超载。可控平衡重布置在左右主机房上、下游两端,与承船厢上、下游端四角相连接,共4套。与转矩平衡重一样,在可控平衡重卷筒上同样安装有安全制动器。

三、 重力平衡重

重力平衡重是升船机平衡重的基本部分,其作用是用于平衡承船厢的重量,而且承担了承船厢大部分的重量。不管升船机处于何种工况,其重力始终作用于承船厢上。每组重力平衡重的钢丝绳与承船厢纵主梁外侧腹板相连,平衡重串被设置在一个围框内。将所有平衡重串按组用一个围框箍连在一起是一种保安措施,万一当某串悬挂钢丝绳破断时,该串平衡重块仍坠落在框内,不会导致升船机整个平衡系统的失衡。每串平衡重块通过调节螺杆与钢丝绳连接,以便将每串平衡重调节到基本相同的位置。

四、 平衡链

由于悬挂全平衡式升船机平衡重的钢丝绳在滑轮两侧的长度和重量会随着承船厢升降而发生相应变化,平衡链是为了消除悬挂钢丝绳的这种重量变化对平衡系统的影响,使平衡系统始终处于平衡状态而设置的装置。平衡链的安装可以保持承船厢在运行过程中的动态平衡。

平衡链只设置在重力平衡重部分，平衡链的一端挂在平衡重底部，另一端挂在承船厢纵主梁底部，用于平衡重力平衡重钢丝绳重量在承船厢升降过程中的动态变化。

可控平衡重和转矩平衡重的悬挂钢丝绳由于数量相对较少，没有设置平衡链，升降过程钢丝绳的重量已计算在主提升力中。

五、 钢丝绳组件及平衡滑轮

升船机主提升设备的钢丝绳组件包括转矩平衡重的提升钢丝绳和转矩平衡重的悬挂钢丝绳，是升船机的关键承载部件。设计上将全部钢丝绳选用为同一种结构和规格，技术上对钢丝绳和索具的机械性能、直径偏差、定尺长度、预拉伸技术要求也有明确的规定。

平衡滑轮采用双联同轴支承，可允许相对微转动的结构，轮轴为滚动轴承支承。为了提高每个滑轮的侧向稳定性，轮辐支承在采用钢板焊接的圆筒形轮壳上，滑轮的轮缘为整圆轧制成形。由于平衡重悬挂钢丝绳运行时无轴向移动，故绳槽深度取绳径的一倍。

平衡重系统是全平衡升船机的重要组成部分。由于各升船机的运行条件不同，设计指标设定也不尽相同。理论上转矩平衡重、重力平衡重和可控平衡重的重量总和等于承船厢自重（含设备）和标称水体重量的总和，并根据运行条件分配各自的比例。以水口升船机为例对平衡重系统进行分析。升船机在承船厢处于升降运行工况时，承船厢内允许的最大水深设计变幅值为 2.50m±0.40m，其中，2.50m 为承船厢标称水深，0.40m 为偏载最大变幅值，相当于船厢侧的荷重变化为±612t。而升船机在停机状态或升船机承船厢在升降运行工况时出现大量失水时，由于可控平衡重的安全制动器处于上闸状态，此时，可控平衡重的重量不加载在承船厢上，经测算，承船厢内允许的最大水深设计变幅值为 2.50m±0.65m，亦即，只要承船厢内水深不低于 1.85m，在可控平衡重的作用下可以确保承船厢不会倾覆。

第四节　承 船 厢 调 平

承船厢静态时的平衡性和运行中的稳定性是衡量升船机安全运行的重要指标。承船厢在初次安装或厢体检修后重新安装时，为了吸收主提升钢丝绳的弹性变形量，保证承船厢 4 个吊点的整体平衡性，在每个吊点的每根钢丝绳与承船厢之间串接一根调平油缸，通过调整油缸活塞位置实现对承船厢的调平。下面以水口升船机为例详述其工作原理。

一、 调平系统工作原理

承船厢液压调平系统只限于静态调平，根据承船厢水平传感器的反馈信号进行调平。当承船厢两端不平度超过 100mm 或主提升设备纵向吊点间（两吊点纵向间距为 75.00m）的不平度超过 62.50mm 时，承船厢液压调平系统以适当的步长进行调节，直至承船厢水

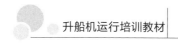
平度偏差达到 3～15mm 为止。

二、 调平系统的组成及功能

升船机调平系统采用电液伺服控制方式来控制调平油缸活塞位置。调平系统由计算机测控分系统、供电控制电路及不间断电源电液伺服位置分系统组成。图 3-5 所示为调平控制系统硬件组成框图。

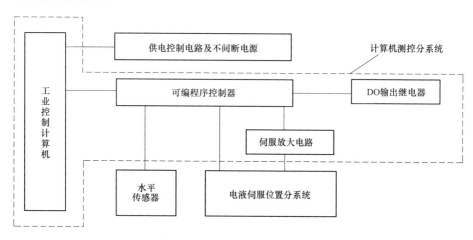

图 3-5　调平系统硬件组成框图

1. 计算机测控分系统

计算机测控分系统主要由工业控制计算机、可编程序控制器、伺服放大电路、DO 输出继电器组等组成。其中工业控制计算机作为与承船厢子站通信、现地操作和显示用；有两台可编程控制器，其中一台控制液压泵站的启停和调压，另一台控制调平各项操作。伺服放大电路构成油缸位置闭环控制，输出继电器用于驱动执行机构和与承船厢子站 I/O 应答通信。

2. 电液伺服位置分系统

电液伺服位置分系统由调平油缸组件、伺服阀组件、油缸组件、保压蓄压器组件、管路辅件组成。

油缸设计为双杆双作用活塞缸。活塞杆下端设置有梯形螺纹调节螺母，用以调整调平油缸的总长度，以实现在静态下每根提升钢丝绳受力均衡。每个油缸活塞杆内腔设置有位置传感器以检测缸体和活塞杆之间的位移，供计算机和检测系统用。

电液伺服阀是其核心液压元件，为力矩马达双喷嘴挡板四通滑阀形式的电液流量伺服阀。为防止电液伺服阀受油液污染物堵塞而设置了高精度滤油器。液压锁为双向液控单向阀，其主要作用是在系统失去油源压力时切断与油缸的油路，保持油缸活塞的位置。

3. 水平传感器

采用矩形连通管形式，由测井组件、连通管组件、调节阀组成。水平传感器测量承船厢 4 个吊点的水平度偏差，其信号供计算机测控系统使用。

调平系统操作要求及条件如下：

（1）承船厢液压调平只限于静态工况下的现地调平，禁止远方自动调平。

（2）调平系统必须满足下列 3 个条件方可操作：承船厢处于解除对接状态，撑紧装置在退回状态，安全锁锭装置在收起状态。

（3）调平系统在操作前，应确认工作制动器在上闸状态，安全制动器在松闸状态，保证在调平油缸上下动作时，可控平衡重的钢丝绳正常受力。

（4）承船厢 4 个吊点的所有调平油缸上截止阀应处于开启状态。

（5）承船厢 4 个吊点调平液压系统配电柜内的泵站电动机电源和控制电源空气断路器在合闸位。

（6）承船厢调平可编程控制器（Programnable Logic Controller，PLC）控制柜上的键盘与主机连接好。

第五节　主电气传动及控制系统

主电气传动及控制系统包含主电气传动系统、主传动协调控制站及控制系统。主要控制承船厢正常升降运行时的启动加速、匀速升降、减速、爬行和正确停位，以及设备事故情况下的制动和停机。

主电气传动系统指驱动承船厢运行的电气传动系统。主传动协调控制站指以可编程序控制器为核心，按照承船厢运行过程和时序，控制承船厢的启动、制动，协调主传动系统、制动器和润滑系统等设备间动作的现地控制站。

本节以水口升船机为例进行阐述。水口升船机的主电气传动及控制系统包含主电气传动系统、主传动协调控制站。

一、　主电气传动系统

水口升船机的主电气传动系统由 4 套西门子全数字直流调速装置控制 4 台 160 kW 直流电动机，通过 4 个吊点的减速齿轮箱与同步轴相连，形成一个矩形的闭环传动系统，带动主提升卷筒实现承船厢的上升和下降运行。

二、　主传动协调控制站

主传动协调控制站（主机房）运行方式有现地方式和集控方式两种。正常运行时，使用集控方式，现地方式只作为检修调试时使用。在集控方式下系统通过网络接受操作员站的参数和运行命令，完成上位机操作员站指定的运行任务，并具有正常运行的联锁和保护功能。

主传动协调控制站由主提升传动柜、主提升控制柜、主机房 PLC 控制屏、主机房现地操作屏、主机房检修操作屏和非电量变送器屏等组成。其电气结构形式如下：

（1）每台主提升传动柜对应驱动一台直流电动机，接受主提升控制柜的信号，实现对主提升电动机的调速运行，并对电动机的状态进行实时监测，由主提升控制柜将各提升电动机状态传至主机房 PLC 和上位机。各套直流传动装置之间彼此协调控制，从而实现 4 台电动机同步出力均衡。

（2）主要完成对工作制动器、安全制动器、机械润滑系统和故障保护的运行操作控制，以确保升船机主提升系统的安全、稳定运行。

三、 主传动协调控制站保护

（一）主机房的急停

严重故障时采用紧急停机的方式，紧急停机是最高等级的停机命令，在任意时刻和任何状况下都能立即执行。先执行工作制动器上闸，后执行安全制动器上闸的流程称为二级上闸。工作制动器执行紧急上闸时根据管路和阀门压力控制的设计，可变化压力上闸，即上闸分为部分压力上闸和全部压力上闸两个阶段，称为工作制动器二级上闸。安全制动器执行紧急上闸时根据管路和阀门压力控制的设计，可变化压力上闸，即上闸分为部分压力上闸和全部压力上闸两个阶段，称为安全制动器二级上闸。

1. 水口升船机二级上闸的情况

（1）主提升系统掉电。

（2）上、下行过卷。

（3）上、下行极限。

（4）主提升系统电动机过速。

（5）上位机急停（含人机界面急停按钮、操作台急停按钮、承船厢行程超限、主提升系统急停按钮、主提升控制柜急停按钮）。

（6）制动器液压泵站油箱油位低。

（7）故障柜手动操作。

（8）工制或安全制动器松闸信号丢失。

（9）承船厢水平偏差大于 100mm。

（10）定点超速停机。

2. 可在 PLC 柜上直接按"急停"按钮（事故上闸）的情况

（1）当使用"快停"制动时，而主提升未能执行快停动作。

（2）当主提升在运行中，承船厢已接近上、下极限位置还没有明显停机情况时。

（3）主提升在运行中液压系统出现大量喷油。

（4）当主提升在运行中出现其他危及人身及设备安全情况时。

（5）主机房现地操作屏内的"安全制动器直接上闸"SB20 按钮仅作为 PLC 柜上"急停"按钮后，因情况紧急需要主提升立即停止运行所采取的应急保护。

（二）主机房快速停机

快速停机有两种情况：一是收到了触摸屏或者上位机发出的快速停机命令；二是收

到了需要快速停机的故障，这些故障都属于2类故障。具体有液压泵站及润滑油泵站停机故障，主提升控制柜快停，上位机硬件快停，运行中工作制动器、安全制动器松闸突然消失，船厢失水，挡水门上越位，定点超速停机，制动器及滑油泵站压力低故障，制动器及润滑油泵站电动机组合（两台及以上）故障。

当出现下述情况时，应立即按下主机房控制屏"快停"按钮：

（1）主提升传动屏的电流声出现异常升高，电流值迅速增大。

（2）扭矩传感器的数值出现急剧增大超过±9000N·m。

（3）主提升在运行中，出现严重异响或振动影响安全运行时。

（4）其他严重异常情况。

第六节　运行及检修维护

一、运行检查

（1）主提升动作前检查承船厢各吊点外部无连接物。

（2）检查各主机房配电柜、控制系统及液压配电屏、减速箱润滑油泵站配电屏各空气开关均在"合闸"位，各盘柜指示灯指示正确。

（3）主机房主提升传动柜、PLC控制屏、检修操作屏、现地操作屏、非电量变送器屏站间通信正常、信号显示正常，无故障报警。

（4）检查直流电动机制动盘表面有无油污。

（5）主机房液压泵站、润滑油泵站油箱油位、油温正常，无油污、无渗漏油，各压力表显示正常，减速器、刚性同步轴运行中是否有异声、异味、异常振动等。

（6）检查主提升设备运行闭锁条件是否满足，保护是否投入正常。

（7）检查与上位机、上闸首、下闸首、船厢通信正常；4个吊点制动器信号正常。

（8）重力平衡重钢丝绳表面清洁，润滑良好，无明显断股。

二、操作规定及注意事项

（一）主提升系统运行应具备的条件

（1）主机房在热备用状态，各闸首满足闭锁条件，主机房无故障信号。

（2）主机房控制、操作、保护、信号电源及不间断电源（Uninterruptible Power Supply，UPS）电源投入正常。

（3）传动柜及4台电动机无故障。

（4）制动器液压系统、润滑油泵站系统工作正常，油位、油温正常。

（5）承船厢水深在2.42～2.52m之间。

（6）工作制动器、安全制动器充压正常。

（7）主提升设备处于闭锁状态。

（8）工作制动器、安全制动器制动盘应干净无油污、杂物。

（9）主提升各部无外部连接物。

（二）禁止制动器松闸的情况

（1）承船厢水深大于 2.54m 或小于 2.40m。

（2）承船厢上下侧卧倒门水封检修。

（3）主提升运行模式处于解锁状态。

（4）工作制动器、安全制动器制动盘有油污、杂物。

（5）承船厢全平衡的工作条件发生改变。

（三）注意事项

（1）主机房现地操作屏有现地和手动两种操作方式，手动操作作为辅助设备单机调试或检修时使用。手动操作时不能同时松安全制动器和工作制动器，防止承船厢滑移。

（2）操作前必须检查设备正常，开关、切换开关、各阀门的位置正确。主机房控制屏上报警信号光字牌无报警信号灯亮。

（3）通航期间，当主提升电动机一台故障退出运行时，经检查不影响主提升安全运行情况下，船厢以 6m/min 速度运行至该次过闸程序运行结束后，通知检修人员检查处理。

（4）主提升系统运行中机械发生异响、强烈振动、液压系统喷油应立即停机检查。

（5）主提升系统正常运行中，如闻到绝缘焦臭味，应立即进行检查，确认影响到安全运行时应立即停机，断开相关设备电源，通知检修人员处理。

（6）主机房 PLC 控制屏在正常情况下操作方式切至"集控"位置；在此状态下主机房 PLC 控制站对主提升系统、制动器和润滑系统进行监视和控制，并向操作员站回送系统运行状态信号，根据集控室的命令控制主提升辅机系统的运行并监视其状态，同时向主提升系统发出相应的运行指令并监视其运行。

（7）主机房 PLC 控制屏具有现地运行承船厢功能，仅在主提升系统应急和检修情况下使用，不作为正常运行方式。使用时，将操作方式切至"现地"位。此时 PLC 根据触摸屏上相应的操作指令控制系统的自动运行。

（8）升船机当天运行结束，下班前需进行制动器系统蓄能器卸压。

三、 维护及检修

（一）主提升装置、平衡重装置和同步轴系统

主提升装置、平衡重装置和同步轴系统的检修维护工作主要是针对轴承、钢丝绳、减速箱齿轮等各部件的润滑，以及各个紧固件的上紧检查等工作，具体检修维护工作如下：

（1）机架、预紧力矩螺栓检查、上紧。

（2）卷筒轴承检查，干油润滑效果检查，轴承座密封、油量检查。

（3）减速器及润滑油系统油位检查，漏点处理，压力表送检。

（4）平衡框、钢丝绳、螺栓等紧固件检查、上紧。

（5）万向联轴节检查啮合处磨损和破坏情况。

（6）制动盘鼓形齿联轴承油量检查等。

（二）平衡重装置

平衡重装置需要进行各金属结构和钢丝绳的维护，以保证卷筒、钢丝绳以及平衡重框架等部件外观完好，结构不变形。平衡重装置主要的检修维护工作如下：

（1）机架、预紧力矩螺栓检查、上紧。

（2）卷筒轴承干油润滑效果检查。

（3）钢丝绳头部紧固部分检查。

（4）双槽滑轮外观检查，轴承润滑检查。

（5）平衡框、钢丝绳、螺栓等紧固件检查、上紧。

（三）同步轴系统

同步轴系统是刚性连接，用于各个主提升驱动点之间的同步，由万向联轴节、同步轴及其支架、轴承等结构组成，其主要检修维护工作如下：

（1）轴承座密封、油量检查，螺栓等紧固件检查、上紧。

（2）万向联轴节啮合处磨损和破坏情况检查，螺栓等紧固件检查、上紧。

（3）鼓形齿、轴承油量检查，螺栓等紧固件检查、上紧。

（四）制动器及其液压系统

工作制动器和安全制动器的检修维护内容包括制动器装置漏点检查、更换缸体密封圈、摩擦靴检查、蝶形弹簧磨损情况检查、松闸间隙调整等。液压系统的检修维护具体包括以下内容：

（1）液压系统泵组流量、压力整定。

（2）油泵联轴器检查，各压力点压力检查、整定，漏点处理，更换易损件。

（3）油液取样送检、滤油、油箱检查清洗、更换滤芯等。

（五）干油润滑系统

干油润滑系统是各平衡重轴承的润滑装置，是平衡重正常运行的重要辅助设备，其检修维护内容主要如下：

（1）电动润滑泵蓄量检查、补充，漏点处理。

（2）阀组检查，压力调整。

（3）分配器检查。

（4）操纵阀动作检查等。

（六）主提升系统

主提升系统的检修维护内容是对主回路电气设备的检查保养：

（1）直流电动机清洁、加润滑油，电刷检查、更换。

（2）散热电动机检修。

（3）主提升自动调节装置校验。

（4）速度检测编码器校验。

（5）液压泵站电气设备检修。

（七）检测系统

检测系统的检修维护内容是对分布在主提升系统上的各部分检测装置进行信号检查与发信距离调整：

（1）工作制动器上、松闸检测装置信号检查，检测距离检查及调整，端子箱信号处理单元及端子紧固。

（2）安全制动器上、松闸检测装置信号检查，检测距离检查及调整，端子箱信号处理单元及端子紧固。

（3）船厢行程检测装置传感器检查、保养，数字显示仪表检查，端子箱信号处理单元及端子紧固。

（4）同步轴扭矩检测装置仪表检查、接线端子紧固。

（5）非电量变送器信号处理柜各端子紧固。

第四章 承 船 厢

第一节 承 船 厢 简 介

承船厢是升船机的重要部件，是用于船舶过坝的运载设备，由主提升设备驱动作升降运行。当承船厢与闸首对接后，开启卧倒式通航闸门，厢内水域即与航道水域相连通，船舶就可以按规定的速度进出船厢，当关闭卧倒式通航闸门并解除与闸首的对接后，承船厢即可自由升降。

全平衡式升船机承船厢的主纵梁采用箱形结构，内腹板兼作盛水结构的挡水板，外腹板可兼作钢丝绳吊耳板。承船厢吊点布置应满足主提升机构、平衡重的布置要求。主纵梁上翼缘可兼作走道板，其宽度不宜小于800mm，船舶进、出厢时平均航速不宜大于0.5m/s。

第二节 设备构成及其工作原理

钢丝绳卷扬提升式升船机的承船厢结构宜采用承载结构与盛水结构合为一体的自承载式。自承载式承船厢主体结构宜采用主纵梁和若干主横梁为主要受力构件的焊接钢结构。

承船厢结构型式有自承载式结构和托架式结构两类。承载式结构代表工程有比利时斯特勒比全平衡式垂直升船机，托架式结构代表工程有德国吕内堡齿轮齿梯爬升式升船机承船厢。水口升船机采用的是自承载式结构，下面以水口升船机为例进行详述。

水口升船机承船厢除主厢体及其两端上的工作闸门外，厢体内布设有辅助设施，包括防撞装置、撑紧机构、安全锁锭装置等。承船厢工作闸门采用卧倒式闸门（以下简称卧倒门），安装在承船厢的两端头，与承船厢结构共同构成盛水结构，形成通航的湿运条件。在承船厢两头，卧倒门的内侧，分别安装一套防撞梁，用于防止船只进入船厢时撞在承船厢卧倒门上。撑紧机构安装在承船厢的侧面，承受承船厢在与闸首对接时因船舶进出承船厢而引起的垂直附加力。在承船厢4个吊点附近各装设一套安全锁锭装置，当承船厢大量失水时系统自动投入安全锁锭，避免发生重大事故。

一、 承船厢卧倒门及其启闭机

设在承船厢两端的 2 套卧倒门，是船舶出入承船厢时的控制闸门，闸门型式为平面钢闸门，由设在底部的两个圆柱铰轴支承，铰轴的外端通过转动臂与液压缸吊头相连。卧倒门关闭时为铅垂状态，开启时，向承船厢内侧卧倒。闸门采用"P"型压紧式水封，设在背水压面。

卧倒门的启闭设备为双缸液压启闭机，分别由承船厢上、下游卧倒门液压泵站提供控制油源，闸门按静水启闭操作设计。

二、 防撞装置

防撞梁结构布置简图如图 4-1 所示。

在承船厢两头卧倒门内侧各设有 1 根防撞梁，通过设在纵主梁箱腹内的液压操作机构，与同端卧倒闸门协调运行，起保护卧倒门免遭进厢船舶因失控、超速而撞击的作用，其运行方式随同端卧倒门的关、开而升、降。

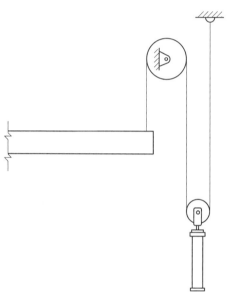

三、 撑紧装置

承船厢撑紧装置安装在船厢吊点梁上，共 8 个撑紧点，每点设 6 套柱塞式液压缸，撑紧装置液压缸柱塞头部设有摩擦靴，撑紧时，推出柱塞使摩擦靴压紧在安全锁定钢梯的两条不锈

图 4-1　防撞梁结构布置简图

钢座面上，产生不小于 3300kN 的总摩阻力，以承受承船厢在与闸首对接时因船舶进出承船厢而引起的垂直附加力。

四、 安全锁锭装置

安全锁锭装置是当承船厢发生漏水事故时用于锁定承船厢的装置，是根据承船厢超量漏水导致升船机平衡系统的平衡条件被破坏时，限制平衡重侧的重力拉动船厢向上运动的设施。

投入锁锭时，钢梯与锁锭块配合工作，最终将不平衡力由承船厢经锁锭块传至钢梯，钢梯再传至底板混凝土的埋件上，最大锁定力为 8×5000kN。

五、 承船厢液压系统工作原理

承船厢内设有 4 套相同的液压泵站，分布在 4 个吊点处，控制着承船厢卧倒门、撑紧及防撞梁设备。每套液压泵站均由油箱、油泵、阀组、仪表以及蓄能器等部件组成。每套液压泵站设 2 台泵组，互为备用；蓄能器在液压控制系统中起保持油压作用，为卧倒门、撑紧及防撞梁机构的动作提供动力源。承船厢液压系统如图 4-2 所示，承船厢液压系统动作表见表 4-1。

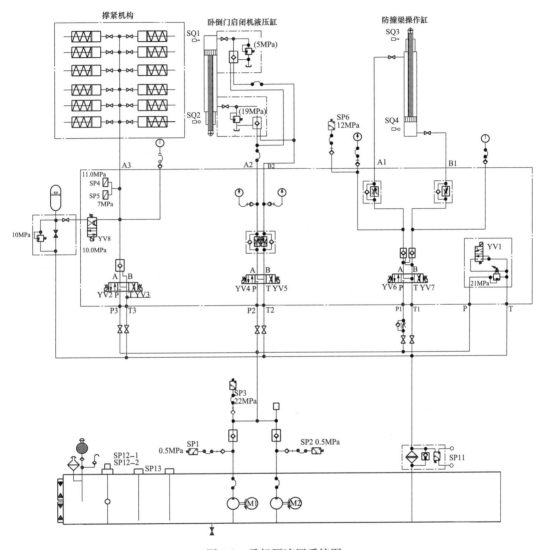

图 4-2　承船厢液压系统图

表 4-1　　　　　　　　　　承船厢液压系统动作表

工况	电磁阀							
	YV1	YV2	YV3	YV4	YV5	YV6	YV7	YV8
开启卧倒门	+	—	—	—	+	—	—	—
关闭卧倒门	+	—	—	+	—	—	—	—
防撞梁落下	+	—	—	—	—	+	—	—

续表

工况	电磁阀							
	YV1	YV2	YV3	YV4	YV5	YV6	YV7	YV8
防撞梁升起	＋	－	－	－	－	－	＋	－
撑紧推出	－	＋	－	－	－	－	－	＋
撑紧退回	－	－	＋	－	－	－	－	－

注 "＋"代表得电，"－"代表失电。

1. 卧倒门工作回路

（1）卧倒门开门回路：即卧倒门倒向船厢内侧，并最终水平卧倒。首先，电磁阀线圈 YV5 得电，三位四通换向阀动作，阀件右位工作，压力油流经换向阀后即可进入油缸无杆腔，并且压力油控制有杆腔的液控单向阀打开，此时有杆腔与回油管连通，形成回油油路。压力油推动卧倒门油缸活塞杆向下运动，活塞杆带动卧倒门支铰转动，逐渐开启卧倒门。

（2）卧倒门关门回路：电磁阀线圈 YV4 得电，三位四通换向阀动作，左位工作，压力油经电磁阀后，进入卧倒门有杆腔，并控制无杆腔的液控单向阀成打开状态，无杆腔与回油管连通，形成回油油路。压力油进入有杆腔后即推动卧倒门油缸活塞杆向上运动，活塞杆带动卧倒门支铰反向转动，逐渐关闭卧倒门。

2. 防撞梁工作回路

（1）防撞梁提升回路：电磁阀线圈 YV6 得电动作，压力油流经管路和阀件进入防撞梁油缸有杆腔，而油缸无杆腔连通至回油管，继而活塞杆向下运动，通过拉动连接在防撞梁端头的钢丝绳使防撞梁上升。

（2）防撞梁下降回路：电磁阀线圈 YV7 得电动作，压力油进入防撞梁油缸无杆腔，此时，油缸有杆腔与回油管连通，从而推动活塞杆向上运动，防撞梁在自重作用下缓慢下降。

3. 撑紧机构工作回路

（1）撑紧机构推出回路：电磁阀线圈 YV2 得电动作，压力油进入撑紧油缸无杆腔，推动撑紧活塞杆克服弹簧力向外运动，活塞杆端头在油缸油压作用下达到一定的撑紧力。同时，电磁阀线圈 YV8 得电，压力油进入油路后对蓄能器充压至设定压力值，蓄能器充压完成后，电磁阀线圈 YV2 失电，此时，蓄能器对撑紧油缸起保压作用，维持油缸的工作压力。

（2）撑紧机构退回回路：电磁阀线圈 YV3 得电动作，在压力油作用下液控单向阀处于导通状态，撑紧油缸活塞杆在弹簧力作用下退回，无缸腔内的液压油回到油箱，撑紧动作解除。

撑紧机构在维持撑紧动作的过程中，蓄能器会起到保压作用。但是，当撑紧油缸内压力下降到保护设定值（7MPa）时，液压系统会重新建压，对撑紧油缸和蓄能器进行充压，以使系统回复到设定的正常工作压力，保证撑紧机构的稳定、可靠撑紧。

第三节　控 制 及 检 测

承船厢检测设备是电气控制系统中控制参数和状态信息的来源，是电气控制系统不可缺少的重要组成部分。检测装置由安装在承船厢各分散检测部位的检测元件和信号变换、处理电路、远距离信号传输系统和必要的模拟或数字显示装置所组成，按预定程序向现地级控制单元发送一系列相关的被控参数和状态信息。以水口升船机为例，承船厢检测系统主要包括承船厢卧倒门及防撞梁行程检测、卧倒门极限位置检测、防撞梁极限位置检测、船舶红外探测、撑紧装置退位检测、船厢水深及水平检测、船厢安全锁锭机构位置检测等。

一、 承船厢卧倒门及防撞梁行程检测作用及工作原理

卧倒门及防撞梁行程检测装置，在承船厢卧倒门及防撞梁启闭过程中，用于实时检测闸门的开度并参与启闭过程控制，以实现双缸同步操作。

卧倒门检测装置和防撞梁检测装置独立设置。卧倒门左、右侧各设有1组检测点，布设有重力摆角位移传感器和角度编码器，检测的数据组成一组互成冗余；防撞梁左、右侧各设有1组检测点，布设有实际行程检测传感器和油缸行程检测传感器，检测的数据组成一组互成冗余。每组的各个数据先进入各自专用显示控制仪后，显示控制仪再输出开关量及模拟量信号。其中模拟量值即卧倒门的开度值或防撞梁行程值，而开关的值是根据仪表中的设定，卧倒门的开度达到某个角度或防撞梁行程达到某个点发出的信号，这些信号传送至现地信号处理装置。进入现地信号处理装置的两个互成冗余的数据经 PLC 的比较分析（当之间偏差未超过允许值），现地信号处理装置发出开关量信号给子站现地控制单元（Local Control Unit，LCU），且现地信号处理装置也实时给子站 LCU 反馈卧倒门的开度和防撞梁行程的模拟量值。

二、 卧倒门极限位置检测作用及工作原理

卧倒门极限位置检测分为承船厢上下游卧倒门的开门到位和关门到位检测，用以判断卧倒门启闭控制是否到位，为后续操作提供依据。

卧倒门开门时，油缸连杆作向下运动。当卧倒门开门到位时，连杆带动凸轮触碰开关，发出开门到位信号；当卧倒门关门到位时，门体带动发信板触发船厢两侧传感器发出关门到位信号。

三、 防撞梁极限位置检测作用及工作原理

防撞梁极限位置检测分为承船厢上下游防撞梁的开到位和关到位检测，用以判断防

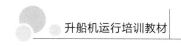

撞梁升降控制是否到位，为后续操作提供依据。

防撞梁极限位置检测分布在承船厢上下游卧倒门区两侧，共四组 8 只传感器，由定滑轮、接近开关支架、可调节发信板、测量和导向钢丝绳组成。其中，测量钢丝绳和发信块与防撞梁同步运动。通过调整上极限和下极限位置及两位置中间钢丝绳长度，达到精确检测。当防撞梁提升或下降到位时，传感器分别发出升降到位信号，发信时传感器指示灯亮，输出高电平。

四、 船舶红外探测作用及工作原理

船舶红外探测装置用于探测承船厢卧倒门和防撞梁启门区域内是否滞留有船只，避免卧倒门和防撞梁启闭过程中出现不安全事故。在上下闸首、承船厢两端卧倒门和防撞梁启闭区安装有 2 对红外探测装置。

检测装置采用的是对射式光电开关，装有发射探头和接收探头。船舶探测装置是在卧倒门和防撞梁启闭前，探测动作区有无船只停留，若该区域内有船舶，对射式光电开关将无法接收到对射信号，从而闭锁了启闭上下闸首卧倒门、承船厢上下游侧卧倒门和防撞梁的操作，确保升船机运行的安全。

五、 撑紧装置退位检测作用及工作原理

撑紧装置退位检测用于检测制动靴是否退到位，以保证承船厢上下运行安全。

检测装置分别布置在承船厢 4 吊点的上下游两侧，每侧有 6 个点，共计 48 个点。当制动靴退回到位时，传感器发信，信号指示灯亮，输出高电平。

六、 承船厢水深及水平检测作用及工作原理

承船厢水深正常与否是升船机可靠运行的重要条件。设置承船厢水深及水平检测装置，将采集的数据通过比较、计算可以准确地反映承船厢的水位、水平状态。

在承船厢左右主纵梁内布置 5 根开口于船厢的测量连通管，在连通管上安装检修阀和 10 只压力式传感器，当承船厢水位处于某一深度时，水深仪通过测压回路将压力送到传感器，通过测取压力，可以得到水位深度，再将其转化成标准电信号。

当船厢水深偏差达到 10cm 以上，并保持 30s 以上时，船厢主提升判断船厢此时为倾斜状态，存在倾覆的可能，报船厢水深垂直偏差过大故障，同时主提升急停二级上闸，保证设备的安全运行。

七、 承船厢安全锁锭机构位置检测作用及工作原理

当承船厢出现失水、失重等故障时，系统启动投入锁锭程序。锁锭投入动作前，要事先将承船厢停在可锁锭位置附近，以保证在承船厢可靠锁锭的同时，尽量减少锁锭冲击，提高锁锭钢梯的安全性能。设置承船厢安全锁锭机构位置检测装置，用以检测安全

锁锭机构与锁锭钢梯间的距离是否位于可锁锭位置，当条件满足时触发投入指令。

第四节　运行及检修维护

目前国内在运行的卷扬式垂直升船机，其中已安全运行 14 年的闽江水口升船机，从运行、检修维护都积累了一定的经验，以下着重介绍水口升船机运行和检修维护。

一、运行检查

（1）配电屏、PLC 控制屏、承船厢对接装置操作屏、挡水门操作柜、远程 I/O 柜供电正常；屏柜内各电源开关位置正确、运行方式正确，无异味、无杂物等。

（2）PLC 控制屏各参数显示正确，模块内信号指示正常，与现场运行状态相符，无故障信号。

（3）各接触器完好，热元件整定值无变动；电缆头无发热、变色；电动机运行无异响、异常振动、异常温升等现象。

（4）液压系统阀门位置正确，各部位无渗漏，机械紧固螺栓无松动。

（5）油箱油位正常，油液温度正常。

（6）检查设备柜门、设备室门窗、承船厢通道门是否已关闭，严禁擅自打开设备柜门，避免小动物进入，造成设备误动作。

（7）巡检人员应确认承船厢处于停止状态时，方可进出承船厢，并及时关好栏杆门，严禁从卧倒门上通过。

（8）进出承船厢舱室上下攀梯时，应抓牢踏实，防止高空坠落。

（9）进入船舱设备舱时，出现火灾报警，应快速脱离舱室，避免气体灭火装置启动，造成人员伤害。

（10）承船厢与上下游对接期间，应监视船舶进入承船厢情况，应对船舶系缆情况和是否超警戒线停靠进行确认。

二、操作规定及注意事项

（一）运行应具备的条件

（1）现地站控制、操作、保护、信号电源投入正常，无故障信号。

（2）解除对接信号到位。

（3）在集控运行，1 号控制柜、PLC 柜切换开关在"集控"位，船厢上下游触摸屏切换开关在"集控"位。

（4）PLC 控制回路工作正常，触摸屏工作正常，交换机工作正常，站间通信数据正常，CPU 与各功能模块灯显示正常，无报警。

（5）船厢水深在 2.42～2.52m，上位机船厢运行的闭锁条件均已满足。

（6）安全锁锭正常工作状态都在收回位，且收回信号正常。

（二）注意事项

（1）承船厢值班员要随时与集控操作员保持联系，及时完成操作员下达的命令。

（2）承船厢启动前，禁止人员上、下承船厢，并确认承船厢与塔楼之间无绳子、电缆等物件系缚，安全锁锭装置全部收回到位，撑紧装置全部退到位，上、下游解除对接信号到位，塔楼上没有障碍物在承船厢的运行范围内。

（3）承船厢值班员要严密监视上、下游水位变化，当出现异常水位情况时，立即组织船只加快进出承船厢；当情况特别危急，集控室操作员要求解除对接时，应果断制止船舶进出，当允许关门时，立即通知集控室操作员。

（4）承船厢处于对接工况时，承船厢值班员要严密监视卧倒门水域漂浮物的情况，特别在关闭卧倒门时，有漂浮物出现在卧倒门水封区域，应立即通知集控室操作员暂停关卧倒门动作，待漂浮物清除后，方可继续关门。

（5）当进行承船厢水深调节时，承船厢工作人员要严密监视承船厢水深变化，出现异常时，要及时通知操作员站的操作员。

（6）当排间隙水结束时，承船厢值班员应及时查看卧倒门水封止水情况，发现漏水应马上通知集控室操作员暂停解除对接动作，并重新充水、开门，待排除漏水后方可继续操作。

（7）承船厢卧倒门液压泵站手动操作没有任何保护和闭锁，其仅作为检修调试和应急时使用。检修调试时必须有两人在场方可操作，其中一人监护，另一人操作；当 PLC 故障，需紧急关闭卧倒门时允许单人操作。

（8）手动操作卧倒门液压泵站电动机启动操作时，要先进行卸荷，避免因带负荷开机而损坏油泵。

（9）承船厢安全锁锭控制方式选择开关正常运行时应投"自动"位，仅当需要在现地进行定期试验时才能投"手动"位。

三、 常见故障处理

每次正常维修和故障检修后都应做详细记录，以便日后查阅。

（一）承船厢发生漏水

1. 故障现象

（1）承船厢平均水深与对接解除前比较，低于解锁前的水位 5cm。

（2）承船厢运行期间，承船厢发生漏水，其水位低于 2.365m 时。

2. 处理方法

（1）上位机执行快停动作，操作员站自动调出承船厢安全锁锭机构操作界面。

（2）当承船厢停止后，操作员在承船厢安全锁锭机构操作界面点击"向锁锭处运行"按钮，承船厢开始向允许锁锭处运行。

（3）当承船厢自动停止后，操作员查看承船厢安全锁锭机构操作界面，确认承船厢已停在锁锭允许范围内，便可以点击"锁锭块投入"按钮，投入锁锭，否则重新进行一次"向锁锭处运行"操作。

（4）当承船厢继续失水时，4个吊点的安全锁锭机构处监视人员要随时监视各锁锭块变动情况，出现可能无法投入锁锭的情况时，应立即汇报值长，果断采取现地手动方式调整锁锭块转动角度，确保锁锭块可以投入钢梯锁锭梁内。

（二）闸首现地站网络通信故障

1. 故障现象

（1）上位机监控系统网络图显示与闸首现地站中断。

（2）上位机操作员站显示承船厢上游通信故障。

（3）上位机闸首本地机显示正常，远程机显示中断。

（4）上位机与闸首Ⅰ路有数据交换，而Ⅱ路显示"0"。

以上故障重启上位机监控机通信程序无效，通信故障报警上位机无法复位。

2. 故障处理

（1）检查上位机闸首Ⅱ路网络通信电源是否正常。

（2）检查闸首PLC模块是否工作正常。

（3）检查闸首Ⅱ路网络交换机工作是否正常。

（4）由维护人员进行对应维修。

（三）卧倒门无法开启

1. 故障现象

（1）承船厢与闸首对接后一扇卧倒门已开启。

（2）另一扇卧倒门无法开启。

（3）未开启卧倒门两侧有水位差。

2. 处理方法

（1）检查卧倒门两侧水位差在10cm内。

（2）无法开启的卧倒门保持"开"的命令，同时关闭另一扇卧倒门。

（3）借助水的推力顶开原先无法开启的卧倒门，此时两侧水位差缩小。

（4）继续执行开门程序，完成对接开门操作。

（四）检测设备维护及注意事项

1. 承船厢卧倒门及防撞梁行程检测维护及注意事项

检查重力摆角位移传感器和角度编码器传输的数据是否与卧倒门的实际动作变化相一致，检查防撞梁行程检测数据是否与防撞梁动作匹配。当数据有偏差时，检查传感器安装位置是否有偏离、编码器变化有无异常。

2. 卧倒门极限位置检测维护及注意事项

当信号不正常时，在现地柜检查控制与相应显示是否一致。不一致时，应分别检查相应点的供电情况和信号情况，检查传感器状态，接线情况。出现现地柜显示正常，而控制信号丢失，则应检查柜内信号转接点。

3. 防撞梁极限位置检测维护及注意事项

出现信号异常时，先用金属体模拟发信，排查是否传感器故障。若传感器指示正常，则应检查端子箱内电源是否正常，信号是否传送正常。检查各接点接触情况，同时还应定期检查检测钢丝绳有无松动和脱槽。

4. 船舶红外探测维护及注意事项

光电传感器对外界透光要求比较高，因此，需要定期检查探头保护玻璃的清洁情况。当发现污染时，可用干净脱脂棉沾乙醇擦除。

5. 撑紧装置退位检测维护及注意事项

定期检查传感器发信工作状态和安装支架紧固情况，清理传感器表面油污，使传感器处于可靠工作状态。

6. 承船厢水深及水平检测维护及注意事项

为保证水位测量准确性，需要定期清理测量管道，打开传感器根部排污孔，排除淤积物。

7. 承船厢安全锁锭机构位置检测维护及注意事项

光电开关应定期检查表面污染情况，清理并适当调整开关灵敏度，保证开关工作的稳定可靠。

第五章 闸 首 设 备

第一节 闸首设备简介

  升船机闸首分为上下闸首。上下闸首设备基本相同，包括闸首挡水门、闸首卧倒门、闸首检修门及其相应的启闭设备、承船厢对接装置及其液压泵站、充泄水设备等。

  闸首挡水门是升船机的挡水设备，可适应上下游通航水位的变化，过船时通过与承船厢对接使上下游引航道与承船厢水域连通。闸首挡水门上设有卧倒门，在挡水门与承船厢对接完成后卧倒门开启，以形成船只进出承船厢的水域通道，解除对接前卧倒门关闭，与挡水门一起共同挡水。

  上闸首检修门是检修和防洪时的上游挡水设备，上闸首检修闸门的最高挡水位与水库最高水位一致，保证升船机及相关建筑物的安全。下闸首检修闸门除检修外兼作防洪设施使用，下闸首检修闸门最高挡水位一般根据升船机检修或防洪要求确定。

  承船厢对接装置与充泄水设备用于承船厢与闸首的可靠对接，保证航道水域与承船厢内水域相通时水位稳定。

第二节 设备构成及工作原理

一、 闸首挡水门

（一）挡水门的型式与布置

  挡水门大多数采用平面钢闸门。挡水门大多数布置于上下游引航道最末端，安装在上闸首下游端或下闸首上游端钢门槽内。

  1. 挡水门启闭机

  挡水门启闭机常用的有机械固定式卷扬机和液压双作用启闭机两种。相比较而言，液压双作用启闭机应用较多。水口升船机挡水门采用液压双作用启闭机，下面以水口升船机为例，着重介绍液压启闭机的工作原理。

  2. 液压启闭机组成及作用

  闸首挡水门是在有水压条件下操作，水口升船机闸首挡水门采用双吊点双缸液压启闭机，对称布置于塔楼的左右两侧，同时为了减少启闭容量，采用部分平衡重平衡，即在闸门门体的两侧配置平衡重，用以平衡部分闸门自重，升船机通航期间，闸门由启闭机支持在合适的挡水位置。上下游挡水门的平衡滑轮分别布置在高程74.00m和39.20m，与布置在高程71.00m和36.50m的液压缸机架为上下分层布置。启闭容量为2×1250kN。

闸首挡水门液压启闭机分别布置在闸首左、右机房，由油泵电动机、液压控制系统、液压系统电气保护及电气控制设备和辅助设备等组成。液压控制系统由油泵空载与建压启动回路、挡水门启闭控制回路、挡水门速度同步回路及锁定控制回路等组成。运行时，泵站分别向挡水门左、右侧液压缸提供控制油源；电气控制设备控制闸首挡水门升降，以及锁定的投入与解除；液压系统电气保护负责监视工作压力，提供油压过高、欠压、油位过低及滤油器堵塞等报警信号。

（二）液压系统工作原理

1. 锁锭工作回路

（1）锁锭投锁回路：如图5-1所示，系统建压，电磁阀YV4得电，压力油进入锁定油缸无杆腔，推动活塞杆左移，锁定投入。同时，锁定有杆腔与回油管连通，油液回流到油箱。上挡水门液压系统动作表见表5-1。

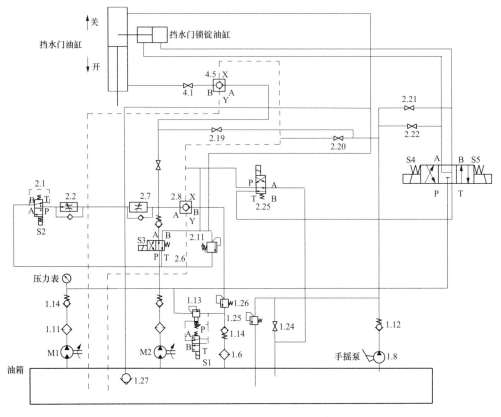

图5-1　上闸首挡水门液压系统示意图

表 5-1　　　　　　　　　　　上挡水门液压系统动作表

控制对象	工况	换向电磁阀				电动机				
		M1	M2	M3	M4	YV1	YV2	YV3	YV4	YV5
液压泵站	启动	+	(+)	+	(+)	−	−	−	−	−
	空载	+	(+)	+	(+)	−	−	−	−	−
	建压	+	(+)	+	(+)	+	−	−	−	−
挡水门锁锭	投锁	+	(+)	+	(+)	+	−	−	+	−
	解锁	+	(+)	+	(+)	+	−	−	−	+
挡水门	开门	+	(+)	+	(+)	+	−	+	−	−
	关门	+	(+)	+	(+)	+	−	−	−	−

注　M1、M2 两套泵组互为备用，M3、M4 两套泵组互为备用，自动轮换运行。表中（＋）代表当轮换到 M2、M4 运行时，泵组处于投入状态，表中"＋"代表得电，"−"代表失电。

（2）锁锭解锁回路：系统建压，电磁阀 YV5 得电，压力油进入锁定油缸有杆腔，推动活塞杆右移，锁定退出。同时，锁定油缸无杆腔与回油管连通，油液回流到油箱。

2．挡水门工作回路

（1）挡水门开门回路：系统建压，电磁阀 YV3 得电，压力油经一油路进入挡水门主油缸无杆腔，推动活塞杆向下运动；同时经另一油路进入挡水门油缸有杆腔与进入无杆腔的压力油汇合，加快进油速度，使挡水门平稳开门。

（2）挡水门关门回路：系统建压，压力油进入挡水门主油缸有杆腔，推动活塞杆向上运动，关门。而油缸无杆腔油液经油路回到油箱。

3．挡水门油缸同步控制回路

二位三通换向阀 2.1 与单向调速阀 2.2 组成油缸同步调整回路。如图 5-2 所示，通过电控监测挡水门两侧的油缸行程，控制电磁阀 S2 的通断电，从而控制油路的通断，调节有杆腔进出油量的大小，达到调节油缸运行速度的目的，实现左、右侧油缸同步运行。通过控制二位三通换向阀 2.25 的通断电，间接控制液控单向阀 2.8 与 4.5 的主油路通断，调整挡水门油缸的有杆腔主回油的速度，控制门体下降速度。

（三）挡水门运行条件及运行工况

闸首挡水门运行条件是动水启闭，由航道水位计数值通过 PLC 解算后按照底槛设计标准调整挡水门位置。升船机运行期间，挡水门与承船厢非对接工况，按标准通航水深 2.50m，每变化＋0.30m，挡水门做升或降调整；承船厢与挡水门即将对接前，按实时水位进行精确调整，使底槛水深保持在 2.42～2.57m 范围，以确保承船厢准确停位和对接；为防止航道水位升高发生漫顶，汛期当枢纽出库流量超过"二年一遇"的航道设计标准或升船机通航结束后，上闸首挡水门提至最高位置并机械锁定。

二、　闸首对接系统

升船机上/下闸首挡水门上各有一套液压系统，两套液压系统基本相同，主要用于控

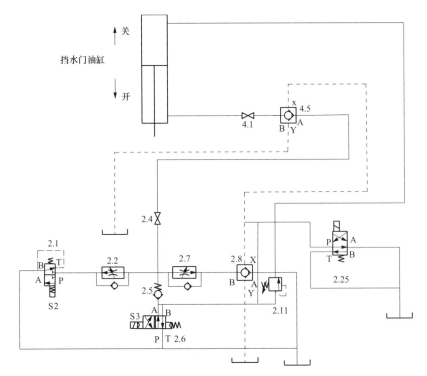

图 5-2　上闸首挡水门油缸液压回路示意图

制挡水门上卧倒门的启闭、锁锭与拉紧装置的动作、对接密封框的推出与退回，液压系统的主要功能是实现挡水门与船厢的对接，并控制挡水门上卧倒门的启闭。上/下闸首挡水门上的液压系统均由液压泵站、管路以及液压油缸等设备组成，两扇挡水门上均装设了 2 根卧倒门油缸、2 根锁锭油缸、2 根拉紧油缸以及 11 根对接密封框油缸等液压执行机构。

挡水门上液压泵站的所有仪表安装于油箱上部的仪表盘上，便于现地观察液压泵站的系统压力和各液压油缸的实时压力。液压系统还设有诸多压力传感器，在挡水门与船厢对接过程中，用于监视各液压油缸的压力值。同时，液压系统设有故障报警功能，如系统欠压报警、超压报警等。

液压泵站油泵的启动、锁定油缸的穿销与退回、拉紧油缸的预拉紧与松拉紧、对接密封框的压紧与保压，以及卧倒门的启闭等动作流程均由电控实现，在上/下闸首机房或上、下挡水门门上可进行本闸首液压泵站的现地操作，也可以接受远程控制操作。

（一）挡水门上设备简介

1. 卧倒门设备

卧倒门安装在挡水闸门上部凹口内侧，作为船舶进出闸首的控制闸门。卧倒门门体结构为平面钢闸门，操作时需在门体两侧水位水平的条件下进行。关闭挡水时门体呈垂直状态，开启时门体绕底部铰轴向航道一侧卧倒开启，卧倒门全开后有效通航水深保持在 2.50m 左右。为减小承船厢与闸首对接时的间隙水体，卧倒门门体面板设在背水面，并向外侧凸出以填充对接段空间，止水设在背水面，闸门关闭后靠水压压紧水封，从而起到密封作用。

门叶两侧边梁底部各安装一个圆柱绞轴，轴一端支承在轴承座上，该座固定在挡水闸门上主梁腹板相应位置，轴的另一端支承在挡水闸门上部箱形立柱内侧挡水板上的轴孔座内，支绞轴的外伸端通过臂杆与启闭机油缸吊头连接，轴与臂杆采用花键配合以传递足够的启闭力矩。卧倒门选用双缸液压启闭机，两根液压缸通过启闭机机座分别挂装在挡水闸门上部左、右两侧的箱形立柱内。

2. 船厢对接装置及其液压泵站

水口升船机的对接装置由对接密封装置、拉紧及锁定机构三部分组成，分别设置在上、下游挡水闸门上，用于船厢与闸首对接时的可靠密封，以保证航道水域和承船厢内水域连通而不漏水。

对接密封装置整体为 U 形结构，如图 5-3 所示。对接密封装置为折叠式可伸缩结构，对接装置的封水部件为两道 U 形橡胶密封，主密封为 W 形，断面具有伸缩性；副密封设在外圈，截面为 Ω 形，W 形橡皮由两道 U 形钢架支撑和带动伸缩，如图 5-4 所示。对接密封装置共设有 11 套操作油缸和托辊，12 套导向支承套。为了适应对接面可能产生的不规整状态，设计充分考虑使对接密封装置具有刚柔兼顾的特性。

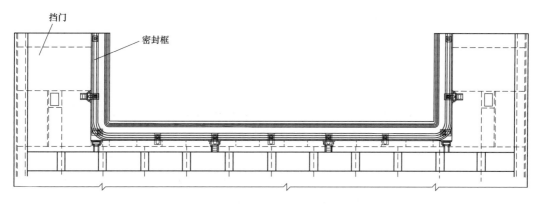

图 5-3　对接密封装置示意图

拉紧及锁定机构是对接时的定位和传力部件。当承船厢与闸首工作闸门完成对接并开启卧倒门后，航道水域与承船厢水域连通，作用在承船厢远端卧倒门上的水压力将由拉紧机构的拉力来平衡。此外，拉紧机构的拉力还必须使密封橡皮产生足够的预压缩量，以确保封水可靠。在拉紧机构加力以前，先插入锁定销，拉紧到位以后，承船厢与挡水闸门之间成绞接状态。拉紧及锁定机构均采用液压操作。

船厢对接装置设备、卧倒闸门启闭设备的控制油源由设在上、下游挡水闸门上的液压泵站提供，每个液压泵站设有 2 套油泵电动机组，两套泵组轮换运行，互为备用。为了确保足够的密封压力，泵站设有保压用的蓄能器。每套挡水闸门上还设有 1 套控制对接密

封装置、锁定及拉紧装置、卧倒闸门
操作油缸的阀组。为了确保卧倒闸门
的可靠关闭，设有专门的锁定机构，
该锁定机构随闸门关至全关位时自动
上锁，脱锁时为液压控制，并与闸门
的开启操作同步运行。

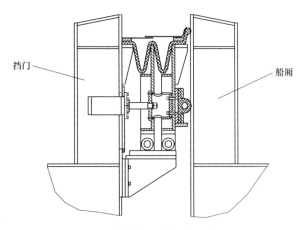

图 5-4　密封装置对接时的截面图

3. 船厢充泄水设备

挡水闸门两侧箱形立柱的第二层
布置了船厢充泄水设备，上、下游各
设有 4 台水泵机组，分别用于船厢与
闸首对接后或解除对接前充、排对接
端两卧倒闸门之间的水体，以及调整船厢里的水深。具体为挡水闸门每侧分别安装了充、
泄水泵各 1 台，并在充、泄水泵的出水管处配置了电动蝶阀与水泵联动。水泵的充泄水管
与门体上通向密封间隙的进、出水管连通。利用充泄水泵可以充、排对接密封间隙中的
水，以保证卧倒门在平压状态下启闭，同时亦能使对接密封装置在无压条件下推拉。另
外，为调整承船厢内通航水深，使之在 2.50m±0.40m 范围，也可用充泄水泵对船厢进
行补水或排水，达到调整船厢水位的目的。

（二）挡水门上液压系统原理简介

升船机上、下挡水门上液压系统图如图 5-5 所示。

1. 挡水门对接工作回路

（1）锁锭穿销：如图 5-5 所示，油泵空载启动，系统建压后，电磁阀 YV2 动作，压
力油经油路进入左、右两侧锁定油缸无杆腔，推动锁定活塞杆进行锁定穿销动作；同时，
两根锁定油缸的有杆腔与回油管连通，油液回到油箱。

（2）预拉紧：系统建压，电磁阀 YV2、YV4 得电。压力油经油管路进入左、右两侧
拉紧油缸进行预拉紧动作；左、右两侧拉紧油缸无杆腔中的液压油经回油管回到油箱。
当拉紧油缸无杆腔压力达到整定值 9MPa 时，电磁阀 YV4 失电，蓄能器对拉紧油缸进行
保压。

（3）拉紧保压：系统建压，电磁阀 YV2、YV4 得电，预拉紧的同时，压力油对拉紧
油缸保压蓄能器进行充压，充压完成后电磁阀 YV4 失电，拉紧油缸保压蓄能器对拉紧油
缸有杆腔进行保压。

（4）密封框推出：如图 5-6 所示，系统建压，电磁阀 YV2、YV5 得电，压力油经三
位四通换向阀分别进入 11 根密封框油缸的无杆腔，密封框推出动作，同时，压力油经过
油管路对密封框油缸保压蓄能器进行充压；11 根密封框油缸的有杆腔与回油管路连通，
油液回到油箱。

（5）密封框保压：系统建压，电磁阀 YV2、YV6 得电，YV5 失电。当密封框推出到

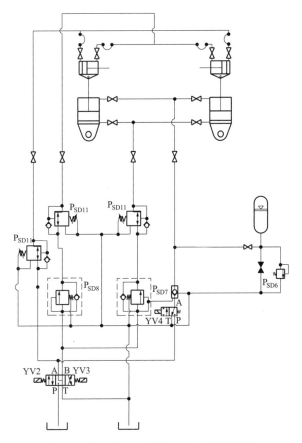

图 5-5　升船机上、下挡水门上液压系统图

位后，电磁阀 YV5 失电，同时，电磁阀 YV6 得电，密封框油缸蓄能器对 11 根密封框油缸的无杆腔进行保压，以保持密封框的推出状态。

（6）拉紧加压：系统建压，电磁阀 YV2、YV4 得电，同时密封框保压电磁阀 YV6 维持得电。当拉紧油缸无杆腔压力达到电子压力发信器的整定值 15.8MPa 时，电磁阀 YV4 失电，拉紧油缸处于保压回路状态，同时，电磁阀 YV2 失电，泵组空载运行。

之后，控制程序进行充水泵充间隙水动作；当满足开门条件时，程序控制挡水门上液压系统开启挡水门上的卧倒门，并同时控制船厢卧倒门液压泵站开启船厢侧卧倒门。

（7）开挡水门上卧倒门：如图 5-7 所示，系统建压，电磁阀 YV7 得电。泵组建压后，压力油经三位四通换向阀后流入左、右两侧卧倒门锁定油缸的无杆腔，打开锁定；同时，压力油经另一油路流入左、右两侧卧倒门油缸的无杆腔，推动活塞杆向下运动，通过推动与卧倒门轴相连的拐臂打开卧倒门，卧倒门油缸的有杆腔与回油管路连通，进行回油。当卧倒门开门到位后，电磁阀 YV7 失电，泵组空载运行，开卧倒门动作结束。

当船厢侧卧倒门开到位、防撞梁降到位后，对接流程结束，运行程序允许船舶进出承船厢。当船舶进出承船厢结束后，程序进行解除对接操作。

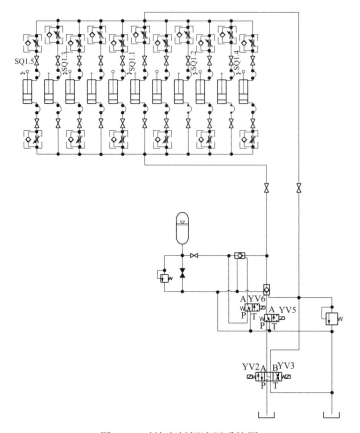

图 5-6　对接密封框液压系统图

2. 挡水门解除对接工作回路

（1）关挡水门上卧倒门：如图 5-7 所示，系统建压，电磁阀 YV8 得电。泵组建压后，压力油经三位四通换向阀流入左、右侧两根卧倒门锁定油缸的有杆腔，关闭锁定；与此同时，压力油经另一路油路进入左、右侧卧倒门油缸有杆腔，推动活塞杆向上运动，通过转动与卧倒门轴相连的拐臂关闭卧倒门并锁定。卧倒门无杆腔内的油液流回油箱。当卧倒门关门到位后，电磁阀 YV8 失电，泵组空载运行，关卧倒门动作结束。

运行流程按序执行船厢水深调整、关船厢卧倒门、提升防撞梁、泄水泵排间隙水等动作程序后，继续进行解除对接流程。

（2）对接密封框退回、松拉紧装置与锁定解锁：如图 5-6 所示，系统建压，电磁阀 YV3、YV4、YV5 得电，YV6 失电。对接密封框退回与松拉紧装置的同时要进行蓄能器卸压。电磁阀 YV3 得电，泵组建压后，压力油分三路供油，一路进入对接密封框有杆腔推动密封框退回，同时，密封框保压用的蓄能器泄压。当密封框退到位后，电磁阀 YV5 失电，密封框退回动作结束。

由于顺序阀的作用，当系统压力升到 5MPa 时，压力油会进入左、右侧两根拉紧油缸的无杆腔，解除拉紧油缸的拉紧力，有杆腔油液流回油箱。拉紧油缸的活塞杆装置推出

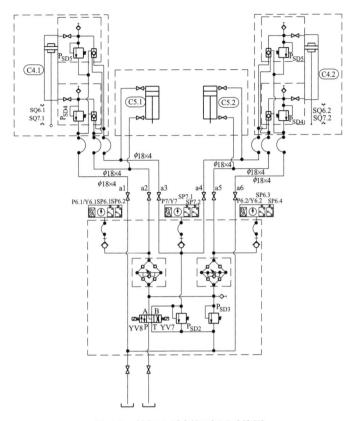

图 5-7　挡门上卧倒门液压系统图

到位后，电磁阀 YV4 失电，松拉紧装置动作结束。

当系统压力继续升高至 5.5MPa 时，达到锁定油缸顺序阀的整定值，压力油流入左、右侧锁定油缸有杆腔，推动锁定活塞杆释放，同时，锁定油缸无杆腔内油液流回油箱。当锁定释放到位后，电磁阀 YV3 失电，系统卸荷停泵，整个解除对接流程结束。

三、　闸首检修门

1. 检修门的型式和布置

常用的检修门有整扇直升式和分扇叠梁式。上闸首检修门设于挡水门上游侧，一般采用整扇直升式，用于建筑物或升船机设备检修时短期挡水，主汛期因防汛需要亦可参与大坝挡水。水口升船机上闸首检修闸门采用直升式平面钢闸门。下闸首检修闸门因受高程限制，多数采用分扇叠梁式闸门，如水口升船机、思林升船机、彭水升船机等，下闸首检修门设于下闸首挡水门的下游侧，用于建筑物或升船机设备检修时短期挡水，并兼作下游防洪挡水闸门。

2. 检修门启闭条件及运行工况

闸首检修门启闭条件一般为静水启闭，水口升船机上闸首检修闸门采用静水启闭方式，启闭容量为 2×1600kN，由布置在坝顶的门式启闭机操作，挡水标准为"万年一遇"

的洪峰流量（即洪水频率 $P=0.01\%$）。有特殊要求时，上闸首检修门也可兼作事故闸门，设计成动水关闭、静水开启，如彭水升船机上闸首事故检修门在挡水门出现事故或检修时挡水使用，动水关闭、静水开启，由布置在主机房内 2×125kN 固定式卷扬机操作。闸门关闭时，沿装设在两侧塔柱侧墙上的导向架运行，开启后，由装设在机房内底板上的自如式挂钩式装置锁定。

下闸首检修门多数采用静水启闭方式。采用分扇叠梁式设计的检修门，在升船机通航时，多余的闸门存放在门槽或门库内，检修或洪水期时，通过桥机逐节放落。各升船机下闸首检修门设计防洪标准不同，节数也不尽相同，水口升船机下闸首检修闸门设计挡水标准为“百年一遇”防洪标准，共4节；思林升船机下闸首检修门设计防洪标准仅为20年一遇，节数相对较少。不管设计标准多少，当遇超标洪水时，承船厢室都将被洪水淹没。因此，当遇超标洪水时，升船机均应停位在警戒水位高程以上。

第三节　控制及检测

一、工作原理

卧倒门上电气检测设备主要包括升船机挡水门与承船厢停位判断保护检测设备、升船机挡水门与承船厢对接检测系统设备、底坎和间隙水位监测设备、卧倒门开度检测及门区船舶探测传感器设备、挡水门液压泵站控制设备、充泄水系统控制设备，用于承船厢与闸首的可靠对接，保证航道水域与承船厢内水域相通时水位稳定。

1. 承船厢停位判断检测设备

当升船机主提升接到上行或下行的指令后，主提升带动承船厢根据既定的目标位置，同时对即将对位的挡水门的相对高程进行判断，在船厢接近挡水门区域时，安装于挡水门的红外线信号传感器对经过的承船厢位置挡板感应并发信，主提升控制系统则依据检测信号准确地判断船厢与挡门的相对位置，经过 PLC 处理后进行主提升的减速控制运行及准确停位。

2. 升船机挡水门与承船厢对接检测系统设备

当承船厢准确停位后，在承船厢与挡水门进行对接或解除对接运行工况时，需对如下状态进行检测。主要有锁定穿、退销位置检测，锁定拉紧位置检测，对接密封框位置检测，以及门上卧倒门全关、全开位置检测。

3. 底坎和间隙水位监测设备

在承船厢与闸首工作门从开始对接到解除对接的过程中，对底坎与间隙水位变化进行全过程监测，避免带水压运行卧倒门，及时发现承船厢是否出现大量失水。

二、控制方式

根据升船机承船厢与闸首对接检测系统的实际工况，在控制方式上，分别有远方集中自动控制、现地触摸屏自动控制和检修控制 3 种方式，用于不同工况下的控制操作模式。

（1）远方集中自动控制：子站 PLC 在跟闸首 PLC 控制站的数据交换中包含充泄水泵和蝶阀的控制数据，使充泄水泵和蝶阀能根据闸首 PLC 控制站的程序要求进行自动运行。

（2）现地触摸屏自动控制：通过子站 PLC 内新增充泄水泵和蝶阀的控制程序，使充泄水泵和蝶阀能在子站 PLC 的控制下独立单动或自动运行。

（3）检修控制：检修控制是纯手动控制，不通过 PLC 控制，能通过屏面上的机械按钮独立完成手动控制设备。

升船机闸首设备系统图如图 5-8 所示。

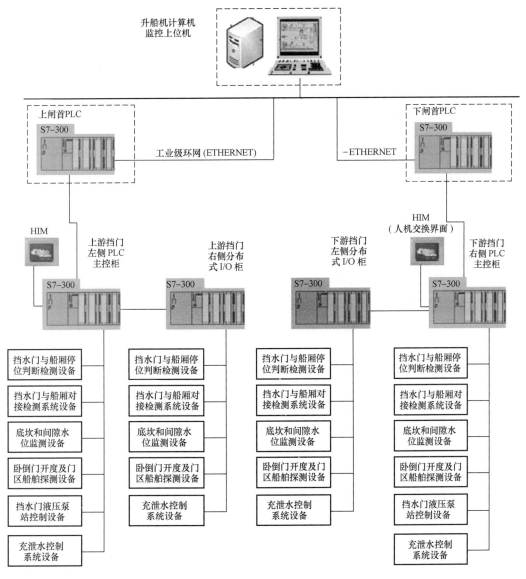

图 5-8　升船机闸首设备系统图

第四节　运行及检修维护

目前国内在运行的卷扬式垂直升船机，其中水口升船机已安全运行 14 年之久，在运行、检修维护方面都具有一定的经验，以下着重介绍水口升船机运行和检修维护。

一、　运行检查

（1）所有屏柜控制屏供电正常，交通指挥灯完好。

（2）PLC 控制运行方式在"集控"位，触摸屏工作正常；闸首与上位机及挡水门上远程 I/O 柜通信正常，PLC 控制屏显示参数正确，模块内信号指示与现场运行状态相符，无故障信号。

（3）上下游水位、挡水门行程、底槛水深和大门水平数值正确，间隙水深和卧倒门开度光柱指示完好。

（4）挡水门电动机运行正常，接触器完好，热元件整定值无变动，无异响、异常振动、异常温升等现象；电缆头无发热、变色、异味。

（5）油箱油位正常，油温正常。

（6）液压系统阀门位置正确，各部位无渗漏，机械紧固螺栓无松动。

（7）左、右 2 台吹气式水位计测值偏差在 15cm 内，压力整定值无变位。

二、　操作规定及注意事项

（一）上/下闸首现地站运行应具备的条件

（1）现地站控制、操作、保护、信号电源投入正常，无故障信号。

（2）在集控运行，1 号控制柜、PLC 柜切换开关在"集控"位，挡水门上远程 I/O 柜在"远控"位。

（3）PLC 控制回路工作正常，触摸屏工作正常，交换机工作正常，站间通信数据正常，CPU 与各功能模块灯显正常，无报警信号。

（4）上（下）闸首对接机构无故障信号，船厢卧倒门和挡水门上卧倒门在全关位且信号都到位。

（5）挡水门油缸集成测量系统（The Cylinder Integrated Measuring System，CIMS）信号检测装置投主用、同步串行接口（Synchronous Serial Interface，SSI）信号检测装置投备用，解锁时检查挡水门在最高位且锁锭投入信号到位，挡水门左、右侧油缸偏差小于 5cm。

（6）挡水门粗调或精调正常。

（7）2 个航道水位计、2 个底槛水深计、2 个间隙水深计全部投入且运行正常。

（二）禁止上/下闸首运行的情况

（1）汛期出库流量超过两年一遇洪水。

（2）下游水位未达到最低通航要求。

（3）左右侧对接锁定、密封框机构未全部退到位。

（4）水位计无法正常显示或故障，全部退出运行。

（5）液压、电气控制保护装置失灵。

（6）液压系统电磁阀动作不灵敏，危及设备运行安全。

（7）油箱油位过低、油温过高、油路大量漏油。

（三）注意事项

（1）正常运行方式为集控运行，若因程序中断或应急情况，经值班长同意，方可转为现地或手动运行，操作中应注意如下事项：

1）现地操作降挡水门，应注意监视挡水门降至底坎水位 2.5m，是否自动停止；否则应按下 PLC 控制柜紧急停止按钮。

2）手动降挡水门应注意监视左、右侧油缸行程值和油压力变化情况，若油缸行程值异常跳动或油压力变大，应立即停机。

3）手动操作挡水门时没有水位闭锁，操作中注意门槛水深，当下游水位低于设定的最低运行水位时，严禁船厢与下游挡水门对接。

4）手动操作对接机构应按《升船机挡水门手动操作标准卡》步骤进行，且待上位机确认信号到位后再进行下一步操作，若操作中设备出现异常，应立即停止，待查明原因再继续操作。

5）检修运行方式是一对一的操作，用于设备检修或应急处理，挡水门泵站手动操作没有任何保护和闭锁限制，仅供下游水位突变或设备故障紧急处理使用，操作过程应严格按照手动操作的顺序和要求进行。

（2）油泵电动机、充泄水泵等运行中有异常振动、异响、异常温升，立即停止运行，投入备用泵，并通知维护人员检查。

（3）挡水门异步调整原则，应将集控运行转为手动方式，将纠偏开关切至油缸行程数值大的一侧向关方向寸动（指以厘米级精度进行控制操作），调至水平后，纠偏开关切至双侧，向关方向全行程动作，无异常后恢复运行。

（4）挡水门底坎水位波动造成挡水门精调频繁动作，使挡水门电动机频繁启停应立即停止精调令，通知维护班查明原因再运行。

（5）出现下列紧急情况可按 PLC 控制屏上的"急停"按钮停止运行：

1）液压、电气系统出现故障时，其保护装置拒动。

2）液压系统出现大量喷油、阀件卡阻、油管破裂。

3）挡水门、卧倒门、锁锭、拉紧、密封框及油管道在启闭过程中出现严重振动。

4）其他危及人身及设备安全事件。

三、 操作流程

（一）降工作大门

降工作大门流程如图 5-9 所示。

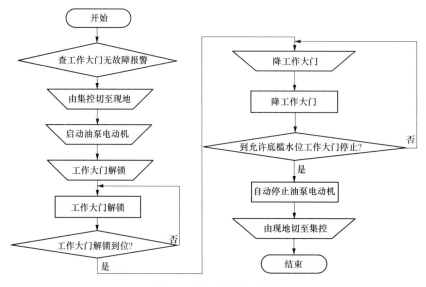

图 5-9　降工作大门流程

（二）升工作大门

升工作大门流程如图 5-10 所示。

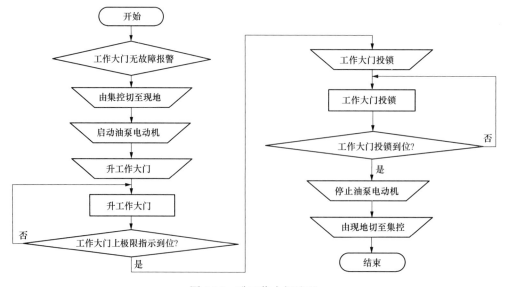

图 5-10　升工作大门流程

（三）现地船厢对接操作

现地船厢对接操作流程如图 5-11 所示。

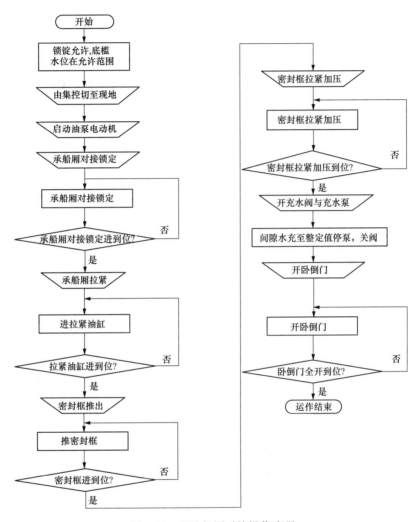

图 5-11　现地船厢对接操作流程

（四）与船厢解除对接操作

与船厢解除对接操作流程如图 5-12 所示。

四、维护及检修

（一）工作闸门检查与养护及检修

1. 工作闸门检查

工作闸门检查分为例行检查、定期检查和特别检查。

（1）例行检查。例行检查周期：规定每周不少于一次。检查内容主要如下：

1）止水检查：观察止水橡皮有无磨损和损坏，在闸门启动时听有无异常声响，漏水

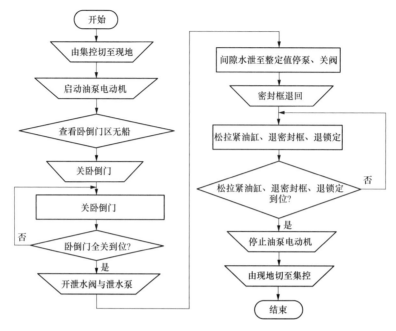

图 5-12　与船厢解除对接操作流程

量是否超标。止水固定螺栓周围是闸门防锈的薄弱环节，应经常检查有无锈水流淌现象。

2）主、侧滚轮检查：在闸门启动过程中，观察滚轮是否转动；在闸门离开水面后，看其是否转动灵活；主、侧滚轮如有加油设备，应检查其是否完好。

3）支承滑块检查：检查支承滑块是否有松动、脱落。

4）门叶、梁系检查：检查闸门外表面及梁系状况，检查油漆涂层或其他涂层是否完好，有无龟裂、翘皮、锈斑等现象，门叶、梁系是否积水和变形，焊缝有无开裂。

5）吊耳检查：观察吊耳是否牢固、可靠，检查零件有无裂纹、焊缝有无开裂、螺栓有无松动、止轴销是否丢失、销轴是否窜出。

6）支铰检查：检查升船机卧倒门支铰密封是否漏水。

7）闸门锁定装置检查：检查有无变形、焊缝有无开裂或螺栓松动、闸门搁置是否正常。

（2）定期检查。

1）检查周期。

a. 规定非汛期为每季一次，汛期为每周一次。汛期着重检查闸门能否安全运转，非汛期着重检查经过汛期闸门是否完好。

b. 升船机各检修门（叠梁门）为每年在汛前检查一次，但在升船机二级保养、岁修和大修前 10 天，要对升船机各检修闸门进行一次全面检查，以确保检修期间，各检修闸门能正常投入使用。

c. 升船机各工作闸门非通航期为每月 2 次，通航期为每周 2 次，着重检查闸门能否安全运转。

2）检查内容。

a. 涂层是否完好。

b. 门叶、梁系、支臂、吊耳（拉杆）及轨道是否扭曲变形；各联接部位的螺栓、止轴板应牢固，是否有松脱现象；各焊缝无脱焊、开裂。各润滑部位油脂是否到位，各滚轮在运行中是否转动灵活，无卡阻现象，充水阀是否漏水。

c. 目测后，确认采用无损探伤检查焊缝，采用何种无损探伤方法视情况决定。焊缝分类及无损探伤长度占总长的比例应符合有关规定。

（3）特别检查。

1）当出现严重自然灾害或重大闸门运行事故后，应立即组织闸门的特别检查。

2）特别检查除例行检查项目外，应着重检查闸门的受损部位和易损易坏部件。

3）除以肉眼和简单工具检查外，还应做起吊运转检查。

2. 工作闸门养护

工作闸门养护分为一般性养护与专门性养护。

（1）一般性养护。

1）清理检查：闸门门体上不得有泥砂、污垢和附着水生物等杂物，如有应及时予以清除。

2）观测调整：闸门运行时，观察闸门运行状况和有无倾斜跑偏现象。如有应与启闭机配合调整纠偏。双吊点闸门、卧倒闸门的两侧油缸行程应调整在允许的误差范围内，侧轮与两侧轨道间隙大体相同。

（2）专门性养护。

1）门叶的养护：经常清除门叶上的污垢、杂物，保持门叶涂层的完好和清洁，排除门叶及支臂上的集水。

2）闸门行走支承、承压滚轮、导向装置（包括反轮、侧轮、滑块、拉杆导向轨道等）：行走支承每年一次对其螺栓进行检查，发现松动及时上紧。承压滚轮、反轮、侧轮、滑块等滑润部位加注润滑脂，每年加注一次。对于日常在水中工作的闸门，如升船机上、下游工作闸门侧向挡块滑润部位，每年可结合升船机二级保养、岁修（或大修）加注润滑脂两次。

3）闸门止水装置的养护：止水橡皮应紧密贴合于止水座上，否则应予调整。对于没有润滑装置的闸门，启闭前对干燥的橡皮应注水润滑。

4）闸门预埋件的养护：闸门预埋件应做好暴露部位非滑动面的保护措施，保持与基体连接牢固，表面平整、定期冲洗，闸门的预埋件的非摩擦面每 3 年进行一次油漆保养，主轨的工作面应光滑、平整，且保持在同一垂直面上。

5）闸门吊耳的养护：吊耳应牢固、可靠，轴销应经常注油，保持润滑。

6）闸门锁定装置的养护：闸门锁定装置必须安全可靠，动作灵活，两侧锁定必须受

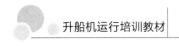

力均匀，每 3 年除锈刷漆一次。

（二）工作闸门检修

1. 检修周期

闸门的检修周期主要取决于门体腐蚀程度和水封使用年限，在检修周期内闸门未出现严重漏水、变形或卡涩等情况一般不进行检修。升船机各检修闸门每 10 年进行一次大修，各工作闸门可结合升船机二级保养、岁修（或大修）每 6 年进行一次大修。

2. 检修内容

（1）平面闸门。平面闸门的检修内容主要包括水封更换、充水阀检修、吊耳检修、门体连接轴检修、闸门门叶和支臂等变形处理等。

1）水封更换：当止水橡皮出现磨损、变形或止水橡皮自然老化、失去弹性且漏水量超过规定时，应予更换。更换后的止水装置应达到原设计的止水要求。止水压板螺栓、螺母应完好齐全，止水压板螺栓、螺母锈蚀严重的，应予更换。

2）充水阀检修：更换止水橡皮、开口销、螺栓、螺母。阀体、阀杆、轴端挡板、半圆压板、压圈、挡圈如锈蚀严重，应更换。导向轴、吊耳轴如只轻微锈蚀应补焊，重新镀铬、加工，如锈蚀严重，应更换。

3）吊耳检修：吊耳、吊座出现变形、裂纹或锈损严重时应予更换，更换的零部件规格和安装质量应符合原设计要求。

4）门体连接轴检修：解体节间连接轴装置，更换锈蚀严重的零部件，螺杆涂抹锂基润滑脂。轴如只轻微锈蚀应补焊，重新镀铬、加工；如锈蚀严重，应更换。

5）闸门门叶和支臂等变形处理：钢闸门门叶及其梁系结构发生局部变形、扭曲、下垂时，应核算其强度和稳定性，并及时矫形、补强或更换。发生裂缝或焊缝开裂，应及时补强或补焊。闸门的连接紧固件如有松动、缺失时，应分别予以紧固、更换、补全。焊缝脱落、开裂、锈损，应及时补焊。

（2）卧倒门的检修。

1）做好安全措施，若检修船厢卧倒门需落船厢折叠式检修门，若检修挡水门上卧倒门需将挡水门提至最高位，必要时落闸室检修门。

2）解体支铰装置，检查曲柄、花键轴、支承座、花键衬套、销轴等部件，是否变形和锈蚀，若变形和锈蚀严重应予以更换。

3）更换 O 形圈、回转密封挡圈、组合密封圈、衬套、轴套。

4）更换锈蚀和变形严重的挡板、压盖、挡圈、垫板。

5）更换锈蚀的螺栓、螺母、六角螺塞、垫圈。

6）支铰加注润滑脂。

（三）工作闸门试验

（1）闸门检修好后，应在无水情况下做全行程启闭试验。试验前应检查自动挂钩脱钩是否灵活、可靠；充水阀在行程范围内的升降是否自如，在最低位置时止水是否严密；

同时还须清除门叶上和门槽内所有杂物并检查吊杆的连接情况。启闭时，应在止水橡皮处浇水润滑。有条件时，工作闸门应作动水启闭试验。

（2）闸门启闭过程中应检查滚轮、支铰等转动部位运行情况，闸门升降或旋转过程有无卡阻，启闭设备左、右两侧是否同步，止水橡皮有无损伤。

（3）闸门全部处于工作部位后，应用灯光或其他方法检查止水橡皮的压缩程度，不应有透亮或有间隙。如闸门为上游止水，则应在支承装置和轨道接触后检查。

（4）闸门在承受设计水头的压力时，通过任意 1.00m 长止水橡皮范围内漏水量不应超过 0.1L/(m·s)。

（四）液压启闭机检修

1. 巡检和维护

（1）油箱油位工作在正常范围，油温正常。油箱油位低加油，必须注意液压缸活塞所处的位置，以确保油箱油位运行中不超限。油箱空气滤清器内干燥剂若完全变色应及时更换。

（2）液压油送检周期根据设备的使用频度和使用环境确定，升船机在二级保养和岁修（大修）时各送检一次，送检油样发现油质不合格时应由检验部门（班组）提出油处理方案，设备管理部门（班组）进行油处理，油处理后应再次送检，直至油质合格。

（3）检查高压滤油器和回油滤油器的工作情况，定期更换滤芯。

（4）检查油泵运转时声音、振动情况是否正常，工作油压是否正常，各电磁阀和液压阀件是否正常动作。运行中不得随意改变可调阀件的压力或流量整定和行程开关的工作位置。

（5）检查液压缸的铰支座、吊头、导向装置、主令控制器等转动轴承和滑动轨道的润滑情况，所有轴承每年应加注润滑脂一次，注油应注到旧油挤出为止。所有滑动导轨每 3 个月涂抹润滑脂一次。

（6）检查液压缸的运行是否平稳，有无卡涩、异常振动和异声，是否存在外泄漏；液压缸持住性能应良好，否则应检查内泄漏量是否超标。

（7）检查蓄能器的保压情况是否良好，氮气压力是否足够。测量氮气压力前蓄能器应泄压，充氮气压力一般为最低工作压力的 70%～90%，视保压设备工作性质确定。蓄能器内氮气压力低于最低工作压力的 70%时系统应停止工作，并及时补充氮气。蓄能器解体检修前应泄压并排尽氮气。

（8）检查油泵、阀件、液压缸及管路接头各部有无漏油，基础螺栓和其他紧固螺栓是否松动，各部件和管路油漆有无脱落和锈蚀。

（9）保持设备的清洁，机房内应保持通风良好，卫生整洁，油箱盖、油泵电动机组和阀组上不得存放杂物。

2. 检修周期

液压启闭机的大修周期主要取决于液压缸密封件的使用年限，在检修周期内液压缸未出现漏油或卡涩等情况一般不进行大修。

3. 检修项目

（1）升船机各子站液压启闭机结合升船机二级保养应进行的检修项目。

1）各子站液压系统油箱油样送检，油质处理。更换空气干燥剂，更换回油滤芯。

2）各子站液压系统阀块、阀件检查，更换老化或损坏的密封件。更换高压油滤芯。

3）各子站蓄能器充氮压力检查。

4）全部管路检查，更换老化或损坏的密封件。

5）各子站操作功能试验。

（2）升船机各子站液压启闭机结合升船机岁修应进行的检修项目：升船机各子站液压启闭机结合升船机岁修除完成升船机二级保养所有检修项目外，还应完成如下项目。

1）除上、下游挡水闸门启闭机液压缸外的所有液压缸按检修周期轮换解体大修，更换密封件。液压缸空载动作试验、耐压试验。液压缸防腐处理。

2）各子站液压系统调试，阀件、压力控制器重新整定。

3）油泵启动试验，检查流量、压力、电流等参数。

4）机电联调。

（3）升船机各子站液压启闭机结合升船机大修应进行的检修项目：升船机各子站液压启闭机结合升船机大修除完成升船机岁修所有检修项目外，还应完成如下项目。

1）上、下游挡水闸门启闭机液压缸按检修周期轮换解体大修，更换密封件。液压缸空载动作试验、耐压试验。液压缸防腐处理。

2）轴向柱塞泵流量、压力重新整定。

3）制动器闸瓦间隙检查、调整。

4）更换部分老化或损坏的蓄能器气囊。

（五）上、下闸首电气检修系统检修周期、项目

1. 检修周期

升船机上/下闸首电气系统检修周期如表 5-2 所示。

表 5-2 　　　　　　　升船机上、下闸首电气系统检修周期表

设备	A 级检修（大修）	C 级检修（岁修）	D 级检修（二级保养）
现地站	3 年	1 年	6 个月
水位检测系统	3 年	1 年	6 个月
油缸位移数据检测	3 年	1 年	6 个月
油泵电动机	3 年	1 年	6 个月

2. 检修项目

（1）上、下游门上检测系统及水位计。

1）工作大门极限位置检测装置信号电缆更换，开关本体密封性检查，位置调整

固定。

2）承船厢位置检测装置（停调、减速、停位、越位、超限）信号电缆检查，红外线开关本体密封性检查，位置调整固定。

3）船厢对接系统（拉紧、锁定、密封框）位置检测，检测装置信号电缆检查，开关本体密封性检查，位置调整固定。

4）卧倒门位置检测接近开关、角度检测编码器检查，调整。

5）工作大门液压泵站工况检测装置信号检查，调整。

6）航道吹气式水位计控制单元程序检查，气动流量控制单元流量计浮子位置调零。

7）底坎水位计、间隙水位计、2088G 液位变送器本体检查，取水管路渗漏处理及杂物清理，排气管疏通，排污阀更换。

8）检测系统信号电缆绝缘检查，线路核对和信号核对。

（2）现地控制系统。

1）配电屏、控制柜卫生清洁，各电气设备保养，端子坚固。

2）故障保护回路各电气设备功能检查、核对。

3）二次线路各线号、端子核对及其绝缘检查。

4）PLC 硬件保养，程序核对。

5）CIMS 探头本体清洁，信号校验。

6）现地人机接口程序调试。

7）手动应急操作回路及其功能调试。

（3）充泄水系统。

1）联轴器同心度检查、调整，轴封漏水检查、更换，防腐、涮漆。

2）充泄水电动机绝缘检查，接线紧固。

3）各蝶阀电动机及其传动机构位置检测装置检查。

（4）船厢检测系统。

1）卧倒门位置检测接近开关、角度检测编码器检查，调整。

2）船厢红外船舶探测装置检查、校验、调试。

3）防撞梁位置检测装置钢丝绳检查，导向轮保养，加润滑油脂。

4）撑紧机构退位检测开关间隙调整。

5）船厢水位检测装置本体检查，调整；导水管清污。

6）船厢安全锁锭位置检测、检查，间隙调整。

7）检测系统信号电缆绝缘检查，线路核对和信号核对。

第六章 升船机监控系统

升船机监控系统负责升船机运行全过程监控和保护，是确保升船机整体可靠运行的重要保障。为提高系统运行可靠性，在设计上通常采用分层分布式控制结构和双环光纤工业以太网络冗余配置，实现集中操作管理、分散控制保护。随着计算机技术的不断发展，为了满足现地少人或无人的远方监控要求，在提高可靠性设计的同时还应兼具智能化设计。在系统设计时，紧急保护必须具备常规硬回路手动操作功能。

第一节　系　统　结　构

水口升船机监控系统两层集散分布式结构，由上位机、通信网络和现地控制站组成，上位机设备布置在升船机集控室。现地控制站则布置在相应设备的现地控制室内，监控系统数据流程见图6-1。

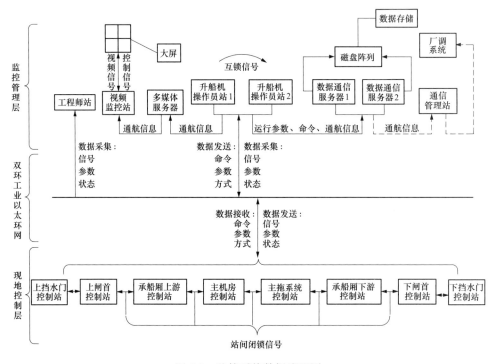

图 6-1　监控系统数据流程图

升船机集控室上位机由两个监控主机、一个工程师站、两台数据及通信服务器和一套磁盘阵列、一个视频监控站、一个多媒体管理机、一个通信管理站和其他相应的外围设备组成。主要任务包括升船机的操作控制、运行监视、故障保护、数据采集及查询管理、数据库管理及恢复、图像及广播系统监控、对外通信等。

监控系统现地站包括上闸首现地控制站、上挡水门控制站、主机房现地控制站、主提升现地控制站、承船厢上游侧现地控制站、承船厢下游侧现地控制站、下闸首现地控制站、下挡水门控制站等。现地控制站的主要任务包括升船机现地机构设备动作的逻辑控制和保护、状态监视和故障保护等。

计算机监控系统采用开放式双环冗余工业以太网，该双环冗余网络结构具有较强的容错机制，具备可扩展性，可方便实现与其他控制系统的互联，便于实现通航设施的综合自动化调度。网络拓扑结构如图6-2所示。

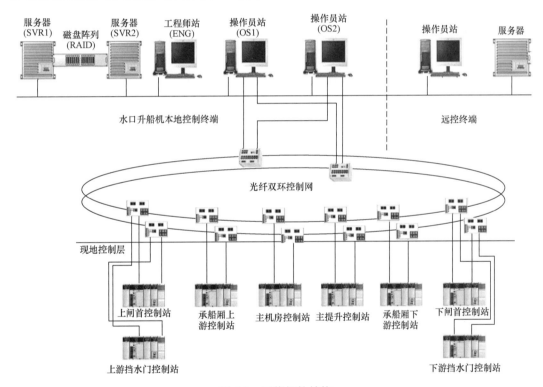

图 6-2　网络拓扑结构

第二节　上　位　机

操作员站以人机对话的方式，负责发出操作命令，对升船机全过程进行监控和管理，使过船过程按预先编制的程序自动进行。工程师站主要负责系统程序的维护、登录管理和数据存档，以及运行培训工作。多媒体管理机和视频监控站主要负责工业电视图像和广播指挥信号的处理，监视设备实际动作情况及船舶位置实际情景，指挥船舶安全有序进出船厢。数据通信服务器主要用于运行数据的管理、分析。通信管理站用于系统与其他系统进行互联通信。

一、 网络配置

上层网包括操作员站 1、操作员站 2、工程师站、数据服务器 1、数据服务器 2，各网段 IP 地址见表 6-1～表 6-3。

表 6-1 上层网网络配置

	站 名	IP 地址
本地监控	水口集控室升船机操作员站 1	192.168.1.11
	水口集控室升船机操作员站 2	192.168.1.22
	水口集控工程师站	192.168.1.33
	水口集控室数据服务器 1	192.168.1.201
	水口集控室数据服务器 2	192.168.1.202
远程监控	水调中心机房船闸操作员站	192.168.1.101
	水调中心机房升船机操作员站	192.168.1.102
	水调中心机房升船机数据服务器	192.168.1.103

表 6-2 现地控制层 170 网段网络配置

	站 名	IP 地址
本地监控	水口集控室升船机操作员站 1	170.18.12.111
	水口集控室升船机操作员站 2	170.18.12.122
	水口集控室工程师站	170.18.112.133

表 6-3 现地控制层 180 网段网络配置

	站 名	IP 地址
本地监控	水口集控室升船机操作员站 1	180.18.12.111
	水口集控室升船机操作员站 2	180.18.12.122
	水口集控室工程师站	180.18.112.133
	水调中心机房升船机操作员站	180.18.112.210

二、 双环网

水口升船机监控系统网络配置采用双环冗余网络，设备节点通过交换机连接到两个环形网络中，设备节点采集的数据在两个网络中同时进行传输。当网络出现故障时，数据绕过故障节点继续通信，系统故障率更低。网管向每个环形网络的两个方向分别发送测试帧检测网络。当网络中没有出现故障时，网管就会从另一个端口接收到此帧。冗余管理者把其对应的交换机的一个端口的状态设置为传送，另一个端口的状态设置为丢弃。当网络出现一个断点时，网管设置交换机的端口状态由丢弃到传送，网络仍可正常通信。此时如果两个网络均出现一个断点，允许两个断点发生在相邻设备对应的两个网络之间。当一条环形网络出现两个及以上断点时，将通过设备节点把数据转移到另一个网络绕过断点继续通信。此时，最多允许相邻的两个设备对应的两个网络均出现断点的情况为一次，因为通过修改网管端口的状态，网络仍可照常通信。

三、　操作员站主/辅切换

在水口升船机集控室设有两台操作员站，两台操作员站互为冗余，操作员站之间基于 TCP/IP 协议进行通信，通过 InTouch 内部 SuitLink 接口进行数据交换，互为服务器和客户机，相互为伙伴机提供控制过程冗余的系统运行状态数据。在升船机运行过程中正常情况下两台操作员站分别以"主机"与"辅机"的工作方式协同完成升船机的监控过程，但主机与辅机的分工不同，辅机只能实现各分部状态查询、数据处理等功能，在升船机运行过程中不能参与控制命令的发出，即只有监视权而无控制权。而主机除了拥有辅机的所有功能外，还有权参与升船机运行控制操作。

通常情况下操作员在主机完成升船机运行控制命令的发出，在辅机实现查询界面、记录等。正常情况下，以先开机并进入监控系统的工控机为主机，后进入监控系统的工控机为辅机。操作员也可点击"主机工作"/"辅机工作"，实现主/辅机切换。为统一起见，将 1 号机设为主机，2 号机设定为辅机。当操作员点击"主机工作"（或"辅机工作"）按钮后，在网络通信正常的情况下，实现主/辅机切换。如当 1 号工控机为主机工作方式时，出现"主机工作"按钮，点击该按钮后，在双机通信正常的情况下，绿底"主机工作"按钮消失，出现黄底"辅机工作"按钮，本机由主机变为辅机，另一台工控机同时由辅机转为主机方式，监视并控制升船机的运行。接着点击 1 号工控机的"辅机工作"按钮后，该按钮消失，出现绿底按钮"主机工作"，本机重新转为主机进行监视并控制，另一台工控机相应转为辅机方式运行。

另有一台操作员站设在集控中心，在界面的调度过程中，位于屏幕最上方的标题窗口始终处于显示状态，点击其"辅机工作"按钮后，提示以超级用户登录，正确登录后，可将本远控终端切换为主，使系统具备远程控制功能，但通常情况下，登录后默认为辅机方式，即只有监视权而无控制权，当以超级用户身份登录时，才能转换为主机，取得控制权。

第三节　现地控制站

操作员站和现地站间基于双环光纤以太网通信，采用 CSMA/CD 的方式，由 InTouch 实现数据交换。现地控制站控制系统将采用新型 S7-400 系列的 CPU414 单机

PLC 控制器，远程输入/输出子站和现场人机界面（MP277：现地控制子站 10.4 寸触摸屏）。现地站 PLC 与触摸屏之间采用西门子公司标准 MPI 接口，PLC 与远程 I/O 采用 PROFIBUS-DP 接口。

其接口数据分为以下四类：

1. 现地控制站向主控监视站传递的 I/O 类数据

现地站 PLC I/O 除供现地站使用外，还将数据上发至主控级监控系统。现地站 PLC 系统向主控级监控系统提供 I/O 设备的原始数据透明的只读服务，也就是说，主控级监控系统随时都能获得现地站 I/O 设备的原始数据。

2. 现地控制站向主控监视站传递的运行数据

在现地站的运行过程中，通过对现地站 I/O 类数据和网络通信接口数据进行处理，产生一系列的中间数据。现地站将这些数据上送至主控级监控系统操作员站。

3. 现地站向主控监视站传递的故障报警数据

在现地站的运行过程中，现地站通过报警检测产生一系列的报警数据，现地站将这些数据上送至主控级监控系统操作员站。

4. 主控监视站向现地控制站传递的命令、参数数据

主控级监控系统通过采集和分析升船机系统各现地站的数据，根据运行流程，向各现地站发出相应的控制运行指令及各项运行参数设置，实现集控通航运行。现地站接收主控级监控系统传递的控制数据，对接收到的数据进行有效性检查（如闭锁、开关到位、有无故障等条件判断），并将检查结果或指令的执行信息返回送给主控级监控系统操作员站，以供集控系统参考或确认是否继续。

现地控制站 PLC 在 CPU 存储器中开设相应的缓冲区，向操作员站提供透明的读写服务。也就是说，操作员站随时刷新并读取数据。

操作员站向现地站传递的控制数据有现地站运行参数设置数据和现地站运行控制指令。

一、 上/下闸首现地站

上/下闸首现地站设备配置完全相同，由配电柜、1 号控制柜、2 号控制柜、PLC 控制柜、1 号挡水门操作柜、2 号挡水门操作柜及液压系统等组成。上/下闸首现地站可进行挡水门、卧倒门启闭、承船厢对接锁锭投入/解除、密封框进/退、拉紧加压、充泄水等功能。

1. 配电柜

上/下闸首左、右机房各有一台配电柜，其分为两回进线，通过自动切换控制装置进行切换，自动切换装置具备电气互锁，每个输出回路用指示灯显示其断路器状态。

2. 控制柜

上/下闸首左机房各有两台现地控制柜，采用交流 220V 电源，24V 电源采用冗余配

置，以二极管隔离输出，PLC模块用24V电源和电磁阀用24V电源独立。所有控制输出经中间继电器输出。控制柜面设置操作方式转换开关、故障复位按钮、现地手动调试操作开关按钮、操作方式指示、现地手动调试操作指示及设备运行状态、故障状态指示为常规继电接口。

3. PLC柜

上/下闸首左机房各有一台PLC柜，其核心是西门子S7-400可编程控制器（PLC），由它来控制上/下闸首的运行及现地站与各站的通信联系。PLC系统由CPU模块、通信模块、输入/输出模块、机架电源、扩展模块及MP277触摸屏等部分构成。在现地控制站触摸屏上有相关设备的状态监视功能，即相关LCU现地控制站能直接交换信息。

4. 挡水门操作柜

挡水门操作柜可实现挡水门异步后的手动纠偏操作以及上、下游水位不满足闭锁条件时的现地手动操作。

PLC现地站设置MP277触摸屏。4台电动机（左、右各两台）的启动增加软启动器，在上/下闸首左、右侧机房都能够控制4台电动机启动和停止。挡水门控制站接入现有的双环工业以太网，集控站增加挡水门的数据采集功能。

二、承船厢现地站

承船厢现地控制站有两个，设备分别布置在承船厢的上、下游两端，分别由左配电柜、右配电柜、左控制柜、左PLC控制柜及触摸屏、左甲板触摸屏等组成。

1. 配电柜

承船厢现地控制站分别在4个吊点配置一台配电柜，给承船厢大、小泵站及其他设备提供交流电源，两回进线电源一回接1、4吊点配电柜，另一回接2、3吊点配电柜，配电柜内各回路空气断路器由指示灯显示工作状态，同时承船厢现地控制站PLC检测各回路空气断路器辅助触点的状态，送上位机显示。

2. 控制柜

承船厢现地控制站分别在承船厢上左和下左各配置两台控制柜，完成承船厢设备动作的控制。控制柜上设操作方式选择开关、现地动作操作开关、设备运行状态指示灯及光字牌，所有设备控制信号经中间继电器接到执行机构上。

3. PLC柜

PLC柜分布在承船厢上游左侧的舱室内，其核心是西门子S7-400可编程控制器（PLC），由它来控制承船厢运行及现地站与各站的通信联系。PLC系统由CPU模块、通信模块、输入/输出模块、机架电源、扩展模块及MP277触摸屏等部分构成。在现地控制站触摸屏上有相关设备的状态监视功能，即相关LCU现地控制站能直接交换信息。为加强与承船厢下游侧的通信采用了ET200M与S7 300模块一起组成承船厢下游远程I/O控制站。

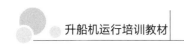

第四节　监控方式及主设备运行流程

一、操作控制方式

升船机监控系统上位机操作员工作站根据设备运行需要，设置有自动操作控制、单步操作控制及单机构操作控制三种方式，下位机即各现地控制站也设有三种操作方式，即集控（远方操作）、现场和检修操作方式。这三种操作方式中，检修操作优先级最高，现地操作优先级次之，集控操作优先级最低。

以上 3 种操作方式的转换，通过设在现地控制柜上的操作选择开关实现，集控状态下运行方式的选择通过操作员工作站上的操作方式选择菜单实现。各现地站控制柜上的操作方式选择开关设置有集控、现地、检修 3 档，送各自子站 PLC，各操作方式用指示灯作相应显示，方式选择以现地级切换优先。

（一）集控操作方式

现地 PLC 柜上操作方式处在"集控"位，现地站根据 PLC 柜的操作开关按钮，由 PLC 实现升船机各设备的联动控制并受闭锁条件的限制。

1. 自动操作

自动操作是按照升船机各运行流程的步序及闭锁条件，完成对升船机的控制，该操作方式在运行是升船机正常的运行方式。

自动运行方式是水口升船机正常过船运行方式，包括上行运行流程、下行运行流程、上行恢复运行流程、下行恢复运行流程、解除对接运行流程。自动运行方式是正常工况下最常用的一种控制方式。

2. 单步操作

单步操作是在满足闭锁条件的前提下，对升船机的各机构进行的远方操作，该操作不受运行流程的步序限制。单步操作方式多用于在自动流程中断后的备用操作，当单步操作完成后，操作员可继续转入自动运行方式，自动继续后继操作。系统将继续执行自动运行操作，直到完成该步骤的对接联动操作。单步操作包括如下命令：

（1）上行流程。上行进船→关下闸首卧倒门→船厢水深调整→关船厢下卧倒门→排下游间隙水→下游解除对接→撑紧退回→主提升参数设定→上闸首锁锭穿销→撑紧推出→上游对接→充上游间隙水→开船厢上卧倒门→开上闸首卧倒门→上行结束。

（2）下行流程。下行进船→关上闸首卧倒门→船厢水深调整→关船厢上卧倒门→排上游间隙水→上游解除对接→撑紧退回→主提升参数设定→下闸首锁锭穿销→撑紧推出→下游对接→充下游间隙水→开船厢下卧倒门→开下闸首卧倒门→上行结束。

3. 单机构操作

单机构方式是针对某机构的单一动作控制，是单步操作的又一步细化，多用于单步操作无法执行时的特殊应对。单机构运行方式比单步操作更加灵活，不受运行流程的步序限制。单机构操作命令除通航灯控制无闭锁限制外，其余操作都有闭锁条件保护，可方便地进行通航灯指挥、船厢补排水控制、防撞梁升降控制等操作。

（二）现地操作方式

现地运行方式的主要目的是为了在集中监控系统控制失效或不具备条件时，在现地机房对设备进行自动操作控制，同时具备向集中监控系统传送现地系统状态信息的功能。PLC 柜上操作方式处在"现地"位，现地站根据 PLC 柜的操作开关按钮，由 PLC 实现升船机各设备的联动控制，并受闭锁条件的限制。

（三）检修操作方式

检修运行模式是一种常规继电器控制方式，不受任何条件闭锁。PLC 控制柜上操作方式开关处在"手动"位，直接控制电动机的启动和电磁阀的得失电。这种方式适用于检修调试和紧急情况下。

二、运行流程

运行流程含有上行运行流程、下行运行流程、上行恢复运行流程、解除对接运行流程、制动器泄压流程。

（一）上行运行流程

上行运行初始状态：主提升系统停机，工作制动器、安全制动器上闸到位，上闸首解除对接到位，船厢处于下游位，下闸首与船厢对接到位，船厢撑紧装置进到位，船厢下游卧倒门开到位，船厢下游防撞梁降到位，下闸首卧倒门开到位，船厢与下游航道水域连通，通航信号灯全部为红。上行运行流程动作顺序及分段如下：

1. 上行船舶进厢流程

在上位机点击"上行进船"指令，给下闸首子站发上行进船命令，下闸首子站控制下游远航信号灯及下闸首下游侧通航信号灯红变绿。

2. 下游船厢对接解除流程

（1）关下闸首卧倒门：在上位机点击"下游解除对接联动"指令，操作员站在满足相应逻辑闭锁条件的情况下，自动触发关下闸首卧倒门命令，下闸首子站收到命令后控制下游远航信号灯及下闸首下游侧通航信号灯绿变红。下挡水门液压泵站空载启动、建压，关下闸首卧倒门，下闸首卧倒门关到位。

（2）船厢水深调整：操作员站收到关下闸首卧倒门完成标志后，当船厢水位不处于 2.42～2.53m 范围之内时，自动触发船厢水深调整命令，下闸首子站进行充水或泄水运行，船厢水深调整到 2.45～2.51m，停止船厢水深调整，置船厢水深调整完成标志。

（3）关船厢下游卧倒门，升下游防撞梁：操作员站收到船厢水深调整完成标志后，在满足相应逻辑闭锁条件的情况下，自动触发关船厢下游卧倒门命令，承船厢下游小泵站空载启动、建压，关承船厢下游卧倒门，升下游防撞梁，承船厢下游卧倒门关到位，下游防撞梁升到位后，承船厢下游小泵站卸荷停机，置船厢下游卧倒门完成标志。

（4）排下游间隙水：上位机收到关船厢下游卧倒门完成标志后，自动触发排下游间隙水命令，下闸首子站进行泄水运行，下游间隙水深达到 0m，关阀停泵，置下游间隙水完成标志。

（5）下游解除对接：上位机收到排下游间隙水完成标志后，在满足相应逻辑闭锁条件的情况下，自动触发下游解除对接命令，下闸首子站按以下顺序进行退下游密封框，松下游拉紧，下游锁锭缸退回运行，下游拉紧松到位，下游密封框退到位，下游锁锭缸退到位后，下挡水门液压泵站停机，置下游解除对接完成标志。

（6）撑紧装置退回：操作员站收到下游解除对接完成标志后，在满足闭锁条件的情况下，自动触发撑紧装置退回命令，撑紧装置卸压，撑紧装置退到位，撑紧装置退回完成标志。在撑紧装置退回的同时，自动触发上挡水门精调命令，当上挡水门底槛水深满足精调条件后开始调整。

3. 上行船厢提升运行流程段

（1）主提升运行参数确认：在上位机按下"上行参数设置"按钮，弹出主提升运行参数设置画面，操作员需要核对以下参数：上下游水位、运行速度、上行目标、下行目标、承船厢位置等。

（2）船厢水深设置：由系统自动完成，操作员需要核实与当前船厢平均水深偏差，需要时可键盘输入更正。

4. 上游船厢对接流程

（1）上闸首锁锭穿销：上位机点击"上游对接联动"指令，自动触发锁锭穿销命令，锁锭穿销、锁锭缸进到位时，置上闸首锁锭穿销完成标志。

（2）撑紧装置推出：上位机收到上闸首锁锭穿销完成标志后，自动触发撑紧装置推出命令，承船厢上/下游液压泵站空载启动、建压，撑紧装置推出运行，当 4 个吊点撑紧装置进到位时，船厢上/下游液压泵站卸荷停机，置撑紧装置推出完成标志。

（3）上游密封框推出及拉紧：上位机收到撑紧装置推出完成标志后，自动触发上游对接命令，上闸首子站进行上游拉紧油缸预拉紧，上游密封框推出，上游拉紧油缸加压，当上游拉紧进到位、上游密封框进到位后上游对接完成。

（4）充上游间隙水：上位机收到上游对接完成标志后，在满足相应逻辑闭锁条件的情况下，自动触发充上游间隙水命令，上闸首子站进行充水运行，当上游间隙水深大于 2.50m 时，上游间隙水完成。

（5）开船厢上游卧倒门，降上游防撞梁：上位机收到充上游间隙水完成标志后，在满足相应逻辑闭锁条件的情况下，自动触发开船厢上游卧倒门命令，同时降上游防撞梁，当承船厢上游卧倒门开到位，上游防撞梁降到位，上游液压泵站停机时，开船厢上游卧倒门完成。

（6）开上闸首卧倒门：操作员站收到充上游间隙水完成标志后，自动触发开上闸首卧倒门命令，上闸首卧倒门开门，当上闸首卧倒门开到位，开上闸首卧倒门完成。

5. 上行船舶出厢流程

当上闸首卧倒门开到位、船厢上游卧倒门开到位，操作员按下"上行出船"按钮，操作员站给上闸首子站发上行出船命令，上闸首子站控制上闸首下游侧通航信号灯红变绿。上行运行流程图如图6-3所示。

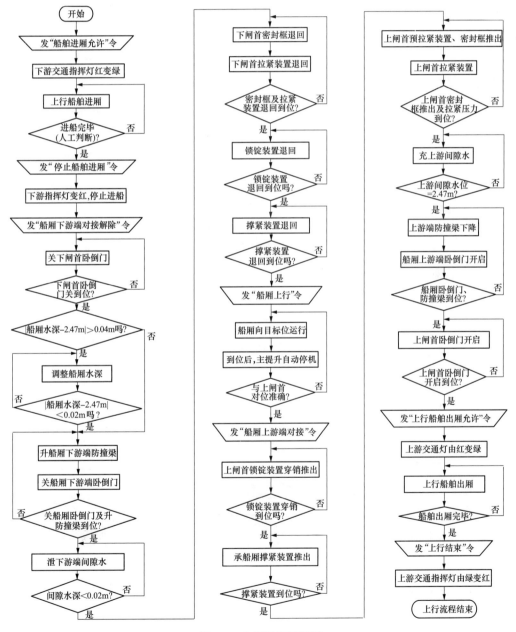

图 6-3　上行运行流程图

升船机运行培训教材

（二）下行运行流程

下行运行原理与上行运行相同，如图 6-4 所示。

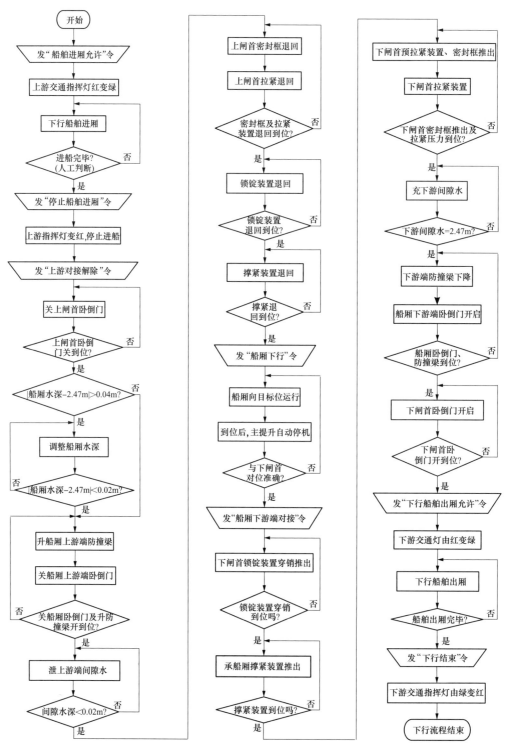

图 6-4　下行运行流程图

（三）上行恢复运行流程

上行恢复运行流程是从下班状态恢复到下行自动流程的过渡流程，是上班准备流程。

上行恢复运行初始状态：船厢处于 42.30m 高程停运状态，上/下闸首解除对接到位，上/下闸首挡门处于上极限并锁定，通航信号灯全部为红。上行恢复运行流程动作顺序及分段如下：

1. 上、下挡水门解锁流程

（1）上挡水门解锁：上位机按下"上挡水门解锁下降"按钮，上游挡水门解锁，当解锁到位时，上挡水门下降；当上游底槛水位在 2.50m 左右时，上挡水门自动停止。

（2）下挡水门解锁：上位机按下"下挡水门解锁下降"按钮，下游挡水门解锁，当解锁到位时，下挡水门开始下降；当下游底槛水位在 2.50m 左右时，下挡水门自动停止。

2. 制动器充压运行流程

（1）充压：上位机按下"工制安制充压"按钮，对主提升子站工作制动器和安全制动器进行充压。

（2）充压急停：当未收到反馈的充压成功标志时，按下"充压急停"按钮，停止对主提升子站工作制动器和安全制动器充压。

3. 上行船厢提升运行流程

（1）主提升运行参数确认：在上位机按下"上行参数设置"按钮，弹出主提升运行参数设置画面，操作员需要核对以下参数：上下游水位、运行速度、上行目标、下行目标、承船厢位置等。

（2）船厢水深设置：由系统自动完成，操作员需要核实与当前船厢平均水深偏差，需要时可键盘输入更正。

4. 上游船厢对接联动流程

（1）上闸首锁锭穿销：当主提升液压站和润滑油站停机成功，船厢与闸首准确停位时，上位机按下"上游对接联动"按钮，自动触发上闸首子站锁锭穿销命令，锁锭穿销。当锁锭缸进到位时，上闸首锁锭穿销完成。

（2）撑紧装置推出：承船厢泵站空载启动、建压，撑紧装置推出运行，当 4 个吊点撑紧装置达到设定压力值，撑紧装置推出完成。

（3）上游密封框推出及拉紧：当接收到撑紧装置推出完成标志后，上位机自动触发上游对接命令，上闸首子站按以下顺序进行上游拉紧油缸预拉紧，上游密封框推出，上游拉紧油缸加压，当上游拉紧进到位、上游密封框进到位后，上游对接完成。

（4）充上游间隙水：当接收到上游对接完成标志后，上位机自动触发充上游间隙水命令，上闸首子站进行充水运行，当上游间隙水深大于 2.50m 时，发"充上游间隙水完成"标志。

（5）开船厢上游卧倒门，降上游防撞梁：当接收到充上游间隙水完成标志后，上位机自动触发开船厢上游卧倒门命令，承船厢上游卧倒门开门同时降上游防撞梁，承船厢上游卧倒门开到位，上游防撞梁降到位，发"开船厢上游卧倒门完成"标志。

（6）开上闸首卧倒门：当接收到充上游间隙水完成标志后，在满足相应闭锁条件的情况下，上位机自动触发开上闸首卧倒门命令，上闸首卧倒门开启，上闸首卧倒门到位，发"开上闸首卧倒门完成"标志。

（四）下行恢复运行流程

下行恢复运行流程是从下班状态恢复到上行自动流程的过渡流程，是上班准备流程。

下行恢复运行步骤与上行恢复运行相同。

（五）解除对接运行流程

解除对接流程又称下班流程，实现上行自动运行流程或下行自动运行流程向下班状态的转换，主要包括解除对接、船厢上/下行到 42.20m 高程并停止、制动器泄压、上挡门投锁、下挡门投锁联动等命令。

解除对接运行初始状态：船厢处于上行运行初始状态或下行运行初始状态。

上位机按下"解除对接联动"按钮后，根据船厢所处上游对接状态或下游对接状态调出上游船厢对接解除流程或上游船厢对接解除流程。解除对接运行流程动作顺序及分段如下（以上游解除对接为例）：

1. 上游船厢对接解除流程

（1）关上闸首卧倒门：上位机按下"上游解除对接联动"按钮，自动触发关上闸首卧倒门命令，上游远航信号灯及上闸首上游侧通航信号灯由绿变红，关上闸首卧倒门。当上闸首卧倒门关到位时，发"关上闸首卧倒门完成"标志。

（2）船厢水深调整：上位机收到关上闸首卧倒门完成标志后，当船厢水位在低于 2.42m 或高于 2.53m 范围之内时，自动触发船厢水深调整命令，上闸首子站进行充水或泄水运行，船厢水深达到 2.45～2.51m，停止船厢水深调整，发"船厢水深调整完成"标志。

（3）关船厢上游卧倒门，升上游防撞梁：上位机收到船厢水深调整完成标志后，自动触发关船厢上游卧倒门命令，关承船厢上游卧倒门，升上游防撞梁，承船厢上游卧倒门关到位，"上游防撞梁升到位，发船厢上游卧倒门完成"标志。

（4）排上游间隙水：上位机收到关船厢上游卧倒门完成标志后，自动触发排上游间隙水命令，上闸首子站进行泄水运行，上游间隙水深达到 0m 时，发"排上游间隙水完成"标志。

（5）上游解除对接：上位机收到排上游间隙水完成标志后，自动触发上游解除对接命令，上闸首子站按以下顺序进行退上游密封框，松上游拉紧，上游锁锭缸退回运行，上游拉紧松到位，上游密封框退到位，上游锁锭缸退到位后，上挡门液压泵站停机，发"上游解除对接完成"标志。

（6）撑紧装置退回：上位机收到上游解除对接完成标志后，自动触发撑紧装置退回命令，撑紧装置卸压，撑紧装置退到位，撑紧装置退回完成。在撑紧装置退回的同时，自动触发下挡水门精调命令，当下挡水门底槛水深满足精调条件后开始调整下挡水门至底槛 2.50m。

2. 船厢下行运行流程

运行参数确认：上位机按下"下行参数设置"按钮，弹出主提升运行参数设置画面，操作人员对自动生成的主提升运行参数进行确认后，按下"下行启动"按钮，主提升子站在满足相应逻辑闭锁条件的情况下，船厢下行运行，当船厢运行至目标位，自动停机，工作制动器上闸，安全制动器上闸，主提升停机，液压泵站停机，润滑油泵站停机。

3. 上、下挡水门提升并锁定流程

（1）上挡水门提升并锁定：操作员按下"上挡水门投锁联动"按钮后，上闸首挡水门提升，到上极限位锁定投入，上挡水门提升并锁定完成。

（2）下挡水门提升并锁定：操作员按下"下挡水门投锁联动"按钮后，下闸首挡水门提升，到上极限位锁定投入，下挡水门提升并锁定完成。

（六）制动器泄压流程

工作、安全制动器泄压：在上位机按下"主提升泄压"按钮后，控制主提升工作、安全制动器蓄能器件泄压。至此，下班流程结束。

第五节　系　统　保　护

一、闭锁关系保护

一般情况下，同一时刻，只允许一个机构进行动作。这不仅是顺序控制的需要，也是由升船机系统自身的运行特点所决定。监控系统闭锁遵循的原则：只有满足机构的闭锁条件时（见表 6-4 和表 6-5），才能操作本机构。

表 6-4　　　　　　　　上行运行流程闭锁条件

流程	闭　锁　条　件
上行进船	下闸首卧倒门开到位（左/右），承船厢下游防撞梁降到位（左/右），承船厢下游卧倒门开到位（左/右），下游对接到位（拉紧/锁定/密封），上游防撞梁升到位（左/右），承船厢上游卧倒门关到位（左/右），撑紧进到位（上左/上右/下左/下右）
关下闸首卧倒门	下游卧倒门区域无船，下游承船厢卧倒门区域无船
承船厢水深调整	下游对接到位（拉紧/锁定/密封），承船厢下游卧倒门开到位（左/右），上游卧倒门关到位（左/右），承船厢水深 2.42～2.52m
关承船厢下游卧倒门	下游卧倒门区域无船，承船厢下游卧倒门区域无船
排下游间隙水	下游对接到位（左/右），下游卧倒门到位（左/右），承船厢下游防撞梁升到位（左/右），承船厢下游卧倒门关到位（左/右），下游间隙水深≥0.15m

续表

流程	闭 锁 条 件
下游解除对接	下游卧倒门关到位（左/右），承船厢下游卧倒门关到位，下游间隙水深≤0.02m
撑紧装置退回	上/下闸首卧倒门关到位（左/右），承船厢上、下游卧倒门关到位（左/右），上、下游解除对接到位（拉紧/锁定/密封）
承船厢上行提升运行	主提升现地站准备好，上/下闸首卧倒门关到位（左/右），承船厢上、下游卧倒门到位（左/右），上/下游解除对接到位（拉紧/锁定/密封），撑紧装置退到位（上左/上右/下左/下右），承船厢安全锁锭装置全部收回到位（1号/2号/3号/4号），承船厢水平，承船厢水深满足2.42~2.52m，上/下挡水门行程左右偏差≤2cm
上挡水门精调	上游解除对接到位，系统发精调令
上闸首锁定穿销	上游准确停位，上挡水门门槛水深为2.42~2.57m，主提升停机，工作制动器、安全制动器上闸到位
撑紧进	上闸首锁锭进到位（左/右）
上游对接	上闸首锁锭进到位（左/右），撑紧装置进到位（上左/上右/下左/下右）
充上游间隙水	上游对接到位（拉紧/锁定/密封），撑紧装置进到位（上左/上右/下左/下右），上闸首卧倒门关到位（左/右），承船厢上游卧倒门关到位（左/右）
开上游卧倒门	上游卧倒门区域无船，承船厢上游门区域无船，上游对接到位（拉紧/锁定/密封），撑紧装置进到位（上左/上右/下左/下右），承船厢下游卧倒门关到位，上游间隙水深满足，上挡水门门槛水深2.42~2.57m
开承船厢上游卧倒门	上游卧倒门区域无船，承船厢上游门区域无船，上游对接到位，撑紧装置进到位（上左/上右/下左/下右），上游间隙水深满足，上挡水门门槛水深满足2.42~2.57m
上行船舶出厢	上闸首卧倒门开到位（左/右），上游对接到位（拉紧/锁定/密封），承船厢上游卧倒门开到位（左/右），承船厢上游防撞梁降到位（左/右）

表6-5　　　　　　　　　　下行运行流程闭锁条件

动作	闭 锁 条 件
下行船舶进厢	上闸首卧倒门开到位（左/右），承船厢下游防撞梁降到位（左/右），承船厢上游卧倒门开到位（左/右），上游对接到位（拉紧/锁定/密封），下游防撞梁升到位（左/右），承船厢下游卧倒门关到位（左/右），撑紧进到位（上左/上右/下左/下右）
关下闸首卧倒门	上游卧倒门区域无船（左/右），上游承船厢卧倒门区域无船（左/右）
承船厢水深调整	上游对接到位（拉紧/锁定/密封），承船厢上游卧倒门开到位（左/右），下游卧倒门关到位（左/右），承船厢水深为2.42~2.52m
关承船厢上游卧倒门	上游卧倒门区域无船，承船厢上游卧倒门区域无船

动作	闭　锁　条　件
排下游间隙水	上游对接到位（左/右），上游卧倒门关到位（左/右），承船厢上游卧倒门关到位（左/右），承船厢上游防撞梁升到位（左/右），上游间隙水深≥0.15m
上游解除对接	上游卧倒门关到位（左/右），承船厢上游卧倒门关到位，上游间隙水深≤0.02m
撑紧装置退回	上/下闸首卧倒门关到位（左/右），承船厢上、下游卧倒门关到位（左/右），上/下游解除对接到位（拉紧/锁定/密封）
承船厢下行提升运行	主提升现地站准备好，承船厢上、下游卧倒门关到位（左/右），上/下游解除对接到位（拉紧/锁定/密封），撑紧装置退到位（上左/上右/下左/下右），承船厢安全锁锭装置全部收回到位（1号/2号/3号/4号），承船厢水平，承船厢水深为2.42～2.52m，上/下挡水门行程左右偏差≤2cm
下挡水门精调	下游解除对接到位，下挡水门门槛水位为2.42～2.57m，系统发精调令
下闸首锁定穿锁	下游准确停位，下挡水门门槛水深满足条件，主提升停机，工作制动器、安全制动器上闸到位
撑紧进	下闸首锁锭进到位（左/右）
下游对接	下闸首锁锭进到位（左/右），撑紧装置进到位（上左/上右/下左/下右）
充下游间隙水	下闸首锁锭进到位（左/右），撑紧装置进到位（上左/上右/下左/下右）
开下游卧倒门	下游卧倒门区域无船，承船厢下游门区域无船，下游对接到位（拉紧/锁定/密封），撑紧装置进到位（上左/上右/下左/下右），承船厢上游卧倒门关到位，下游间隙水深满足，上挡水门门槛水深2.42～2.57m
开承船厢下游卧倒门	下游卧倒门区域无船，承船厢下游门区域无船，下游对接到位，撑紧装置进到位（上左/上右/下左/下右），下游间隙水深满足，下挡水门门槛水深满足2.42～2.57m
下行船舶出厢	下闸首卧倒门开到位（左/右），下游对接到位（拉紧/锁定/密封），承船厢下游卧倒门开到位（左/右），承船厢下游防撞梁降到位（左/右）

1. 上/下游挡水门解锁闭锁条件

工作大门处于上升极限位，航道水位：上游水位大于或等于55m，下游水位大于或等于6m。

2. 上/下游挡水门粗调闭锁条件

粗调：下游水位满足通航水位，当底槛水深小于或等于1.50m、大于或等于2.80m时，工作大门解锁到位，现地站在集中控制方式下，进行自动粗调。

二、 操作台紧急按钮保护

在集控室操作控制台布置有急停和紧急保护按钮。该按钮为硬线连接到相应现地站。紧急保护级别优先于急停，即当该子站急停令，紧急保护状态下无效，除非紧急保护流

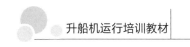

程结束或手动释放按钮，再按急停令方可生效。

1. 上闸首急停

操作员按下该按钮后，急停上闸首正在执行的动作，清除命令，电动机延时停止。直到释放该按钮，清除上闸首急停命令。

2. 上游紧急保护

操作员按下该按钮后，执行系列动作，包括上游船厢门及上闸首卧倒门同时关闭、对接解除，上挡水门提高到最高位。

上游紧急保护的权限比上游急停更高，当上游紧急保护动作时，上游急停无效。如果需要急停当前的紧急保护动作，需要释放该按钮，清除上闸首紧急保护命令，此时急停有效。该保护按钮用于上闸首与船厢对接时候，上游底槛水深急剧变化时的紧急保护。

3. 船厢上游急停

操作员按下该按钮后，急停船厢上游正在执行的动作，清除命令，电动机延时停止。直到释放该按钮，清除船厢上游急停命令。

4. 船厢下游急停

操作员按下该按钮后，急停船厢下游正在执行的动作，清除命令，电动机延时停止。直到释放该按钮，清除船厢下游急停命令。

5. 下闸首急停

操作员按下该按钮后，急停下闸首正在执行的动作，清除命令，电动机延时停止。直到释放该按钮，清除下闸首急停命令。

6. 下游紧急保护

操作员按下该按钮后，执行系列动作，包括下游船厢门及下闸首卧倒门同时关闭、对接解除，下挡水门提高到最高位。

下游紧急保护的权限比下游急停更高，当下游紧急保护动作时，下游急停无效。如果需要急停当前的紧急保护动作，需要释放该按钮，清除下闸首紧急保护命令，此时急停有效。该保护按钮用于下闸首与船厢对接时候，下游底槛水深急剧变化时的紧急保护。

7. 主提升快停

操作员按下该按钮后，主提升快速停机。直到释放该按钮，清除主提升快停。

8. 主提升急停

操作员按下该按钮后，主提升快速停机并执行二级上闸。直到释放该按钮，清除主提升急停。

三、 故障报警保护

1. 故障报警的表示及处理

"一类故障"：指示灯红色且闪烁，应立即按下"主提升急停"按钮，检查故障信号，同时通知维护人员，待查明原因，处理完毕后方可运行。

"二类故障"：指示灯红色，应立即停止当前操作，检查故障信号，同时通知维护人员，待查明原因，处理完毕后方可运行。

"三类故障"：指示灯浅红色、不闪烁，应立即停止当前操作，检查故障信号，确认不影响运行安全，按下故障复位按钮复位该报警信号，停航后处理；反之，则立即停航处理。

"四类故障"：指示灯浅黄色、不闪烁，检查故障信号，按下故障复位按钮，运行中监视该信号有无异常。

2. 水深异常报警

当承船厢与闸首解除对接后，如果平均水深超过 2.47m±0.12m，弹出"承船厢水位异常"报警，此时应暂缓发承船厢运行命令。

3. 承船厢水位计报警

在承船厢上、下行过程中，当承船厢 3 个以上水位计与所计算的承船厢平均水深偏差超过 10cm 时，右屏承船厢水位计报警，提醒操作员注意检查水位计是否故障。当承船厢动荡引起水位计偏差过大时，也会出现该报警提示（如属水位波动干扰，报警稍后即可消失）。

4. 主提升负载过限报警

正常情况下，承船厢运行过程中，电动机负载（电流）的绝对值小于300A，如果承船厢运行过程中，1~4 号电动机任一电流绝对值超过 500A 时，系统将自动弹出"电流负载过限"的报警提示，提醒操作员注意，并在必要时采取保护措施（拍下快停或急停按钮）。当电动机负载大于 300A 时，显示字体变红；当电动机电流达 500A 时，跳出电流过限报警。

5. 上/下闸首大门异步

检查左、右侧两缸位差，当发生上/下闸首大门的左、右油缸行程相差大于 5cm 时，系统调出"上/下闸首大门异步报警"，值班员检查左、右侧两缸位差，并现场判断挡水门两侧是否有倾斜，有则操作上/下挡水门，调整至门体水平。

6. 扭矩过限报警

当同步轴扭矩大于 5000kN•m 时，主提升界面字变红，当同步轴扭矩大于 10000kN•m 时，跳出"扭矩过限报警"信号，此时操作员应立即按下快停 SB5 按钮，启动主提升快停程序，若快停 SB5 按钮无效，应立即按下急停 SB4 按钮，启动主提升二级上闸程序，通知维护人员检查故障原因并处理，完毕后方可运行。

7. 上/下游紧急保护报警

当上/下闸首与船厢对接时，如果上/下闸首的底坎水位超过 2.50m±0.30m 时，在左屏弹出"底坎水位超限"报警，提醒操作员按控制台的"上游紧急保护"按钮，按钮按下后，船厢和上闸首对接解除，并提上/下闸首挡水门到最高位。

8. 船厢失水保护

当前船厢平均水深与对接解除前比较，如果低于解锁前的水位 5cm，且船厢水位低于 2.365m 时，则触发船厢失水报警，并触发快停命令给主提升控制系统。润滑油站停机后，自动显示锁锭机构界面，如果当前所处的位置不在可锁定位，界面将出现醒目提示。操作员可点击"向锁定处运行"按钮，向最近一挡的可锁定处运行。操作员调出"主提升参数设置"界面，系统将自动设置参数，包括运行速度、船厢水位、运行目标位（系统设置最近一挡的可锁定位为目标位）。操作员发上行或下行令。到位后，主提升自动停止。当处于可锁定位时，操作员可以发令控制锁定机构投入。

9. 上/下游水位计投入/切除设置

当出现上/下游左右底坎水深、左右航道水深、左右间隙水深任意一个左右水位计显示值偏差超过 0.15m，在上/下闸首报警界面中显示"底坎水深偏差过限""间隙水深偏差过限""航道水深偏差过限"报警，并弹出界面。

10. 船厢目标位参数设置异常报警

当操作员以普通用户身份登录时候，主提升运行目标位的参数设置值应介于上挡水门和下挡水门之间，如果超过这一范围，发"上行"或"下行"令时，会弹出"目标位设置错误报警"。提醒操作人员重新设置。

11. 主提升两级故障掉牌指示

在升船机上、下行运行过程中来自工作制动器、安全制动器任一吊点的误上闸信号或松闸信号丢失都会引起主提升急停。此类故障常常一闪而过难于捕捉，因此，在主提升子站对引起故障的信息作了掉牌处理。当此类故障发生时，"主提升报警状态"界面的二级上闸故障光子牌变红并闪烁，操作员可点击该指示牌，打开"主提升二级上闸掉牌指示"界面，查看引起二级上闸的具体故障源。

12. 通信故障报警

当上位机系统与下位机网络有一路通信故障时（如网卡故障引起的通信故障等），如果为主机，主机将自动通过局域网和辅机采集另一路正常工作的网络信号，运行不受影响；如果为辅机，则系统自动弹出该报警提示界面，操作员点击切换到另一路正常工作的网络后，系统将通信故障的那个子站通过双机之间的局域网线切换至正常工作的主机网络线路。否则，一台主机仍保持正常通信不受影响，辅机有通信故障时该子站信号不予处理，等本次运行完毕后再采取措施修复网络通信故障。

13. 通信中断报警

当上/下闸首与船厢和主提升子站的通信中断时，立即弹出报警信息。

14. 动作超时保护

在升船机设备运行中，测定每一机构运行的时间，根据该时间值设定每一机构运行的时间槛，机构运行时间超过该时间槛而未完成时，机构停止动作并在现地控制子站和监控主机上报警。

15. 减速保护

在升船机运行过程中，为防止承船厢触底和冲顶，必须在承船厢运行到一定位置时进行提前减速，防止故障发生。减速点根据上位机设置的主提升不同的速度确定不同的距离。

第六节　数据库查询与维护

一、数据记录器的启动及归档管理

（1）运行操作中的所有记录：包括水位记录功能、操作记录功能、在系统运行过程中为无条件启动并实时更新。

（2）运行工况记录（该数据较庞大，需根据需求开启）：操作员需选择"Alarm DB Logger Manger"程序的"开始"命令才执行记录操作。"Alarm DB Logger Manger"在开机后自动加载并运行，但未开始记录功能，如图6-5所示。

图6-5　Alarm DB Logger Manager 数据记录器

启动"开始"命令后，系统将自动将所有工况的变化记录保存在数据库"WWALM-DB"的"Event"表中。

由于该记录库非常庞大，建议定期清理。启动 Alarm DB Purge/Archive，可选择时间间隔，每天启动该程序（自动加载到启动组中）后将按计划清除。也可定期启动该程序，执行"立即清除"命令，对过期记录进行清理，建议每星期执行一次。数据归档如图6-6所示。

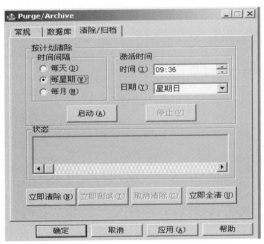

图6-6　数据归档

二、 数据库查询说明

（一）启动方式

（1）单击桌面的"升船机数据查询系统"快捷方式，会默认进入升船机数据查询页面。

（2）系统初始化完成，页面左侧有状态、DI、报警、模拟量、集控操作、现地命令 6 个目录树，右侧为数据报表和曲线显示窗口。

说明：查询系统初始化时，未进行数据查询，因此"导出报表"按钮灰亮显示，不可操作。数据和曲线显示区域也为空白。

（二）查询数据

1. 状态（DI 和 DO、报警、集控操作、现地命令）查询

（1）时间设置后，展开目录树即可开始查询。注意：点击父节点，会查询父节点的所有子节点信息。

（2）若查询单个子节点信息，只须找到对应的子节点，点击即可查询。

（3）查询后，点击该按钮即可完成相应的报表的导出工作。

2. 模拟量查询

点击"模拟量查询"选项卡，会出现"数据"和"曲线"的选项卡。模拟量查询可以自选多个节点查询。

3. 查看曲线图

（1）点击选项卡"曲线"，即可切换到曲线目录树。曲线目录树与数据目录树一样，也可多选节点。

（2）点击单节点，即可查看某段时间内的曲线图显示。

（3）在目录树上可以自选多个节点，即可查看多条曲线图的同时显示。

注意：曲线查询时间间隔不得超过 1h，最后同时选择的曲线为 7 条，否则系统会提示错误。

第七章 辅 助 系 统

第一节 概 述

升船机辅助系统一般包含配电系统、消防系统、水位监测系统、检修排水系统、工业电视监控系统等。

（1）升船机配电系统是通过降压变压器将电压降至400V后供升船机设备使用。供电方式一般采用双母线分段供电，当一回母线发生故障或设备检修时，通过BZT（备用电源自动投入）装置自动切换至另一回母线联络运行，保证供电的连续性。

升船机负荷分为一级用电负荷和二级用电负荷。一级用电负荷包含工作闸门启闭机、承船厢驱动机构、上/下闸首充泄水机构、上/下闸首对接装置、计算机监控系统、通航信号与语音广播系统、通信系统、消防设备、电梯、生产照明、上/下闸首检修门启闭机；其他负荷为二级负荷。一级用电负荷采用双回路电源供电，当一路电源发生故障时，另一路电源应能正常供电。

（2）升船机消防系统由集控室消防监控设备、承船厢介质灭火设备、消防水及其管路系统等组成，承担着整个升船机的消防灭火工作，保证升船机的安全运行。火灾自动报警系统通过安装在各处的各种探测器，对火灾进行监视和探测，一旦发生火灾，给出声光报警信号，提醒运行人员处理。集中报警控制器设置在升船机集控室，对承船厢、主机房、电缆层和集控楼进行火灾探测，可实现对消防设备进行自动或手动控制。气体灭火系统单独控制保护区内的放气阀门、电源控制模块、声光报警器等。同时，集中控制室实现远程监视、控制气体灭火系统。

（3）升船机水位监测主要包含上/下游航道水位测量、上/下闸首底槛水深测量、承船厢水深测量、上闸首对接间隙水深检测、集水井水位检测等。

（4）检修排水系统由集水井、深井水泵、水位计和控制系统组成，其主要功能是用于排尽上/下游挡水门、承船厢及水工建筑物的漏水，检修时还用于排尽下游挡水门和检修门之间的积水。集水井和深井泵组布设在升船机下闸首，共配置一个承船厢室集水井和左、右两个深井泵井，左、右闸首各配置一套深井泵组。

（5）工业电视监控系统是一种计算机控制的图像系统，其监控技术来源于非广播电视技术。操作人员利用系统控制台可以选取各摄像机，将图像显示在图像监视器上。

第二节　配　电　系　统

一、　概述

升船机自用电系统安装有 2 台 10kV 主变压器及 400V 配电系统，供升船机上位机、主机房、上/下闸首、承船厢等子站及辅助设备的正常用电。升船机自用电系统由厂用电 10kV Ⅲ 段母线与厂用电 10kV Ⅳ 段母线供给，当任一段自用工作母线或自用高压变压器故障时，在备用电源自动投入装置作用下自动投入，代替其工作。

二、　升船机自用电电源及主接线方式

（一）升船机自用电电源

（1）厂用电 10kV Ⅲ 段母线→升船机 6365 开关→65B 升船机变压器→4651 开关→升船机 400V Ⅰ 段母线。

（2）厂用电 10kV Ⅳ 段母线→升船机 6466 开关→66B 升船机变压器→4661 开关→升船机 400V Ⅱ 段母线。

（二）升船机主接线方式

升船机 400V 主接线方式如图 7-1 所示。

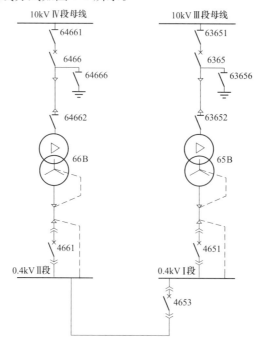

图 7-1　升船机 400V 主接线方式

三、 运行方式

（一）正常运行方式

升船机 400V 配电Ⅰ、Ⅱ段母线分段运行，升船机变压器 65B 带升船机 400V 配电Ⅰ段母线运行，升船机变压器 66B 带升船机配电 400V Ⅱ段母线，BZT 操作开关 SA3 投入。

（二）检修运行方式

升船机变压器 65B 或 66B 停电时，升船机 400V 配电Ⅰ、Ⅱ段母线联络运行，母联 4653 开关合闸，由升船机变压器 66B 或 65B 供电，BZT 切换开关 SA3 切除。

升船机 400V 配电Ⅰ、Ⅱ段母线严禁并列形成环网运行。

四、 保护配置

（一）65B、66B 变压器保护配置

65B、66B 变压器保护设有电流速断保护、过电流保护、温度跳闸或发信号（干式变压器）。其过电流保护Ⅰ时限动作 400VⅠ、Ⅱ段母线联络开关跳闸，速断及过电流Ⅱ时限跳开本体两侧开关（高、低压侧），见表 7-1。

表 7-1　　　　65B、66B 升船机变压器（SC-1000/10）各保护整定值表

保护名称	二次值	时限（s）	连接片	动作后果
电流速断	10A	0		跳变压器高压侧开关
过电流 T2	1.76A	0.4		
过电流 T1	1.76A	0.2	XB1	跳 400V 母联开关
温度过高	125℃	0	XB2	跳变压器高压侧开关
温度升高	105℃	0		发信号

（二）400VⅠ、Ⅱ段母线保护的配置

400V 母线保护设有Ⅰ、Ⅱ段母线低电压保护，当母线侧发生相间和两相接地短路故障时，设置低电压保护能保证即时切除母线故障，保证设备的安全运行。动作后果是断开母线电源变压器高压侧开关，由高压侧联动跳闸低压侧开关。

第三节　水位检测系统

升船机水位检测系统包括上/下游引航道水位检测系统，闸首对接水位检测系统，承船厢水深及水平检测系统三个部分。

上/下游引航道水位检测系统指的是位于上/下闸首的两个吹气式水位计，通过对测井水位水压的测定，来获得上/下游当前水位的情况。

闸首对接水位检测系统包括上/下闸首卧倒门间隙水水位计和上/下闸首卧倒门门槛

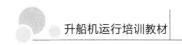

水位计，通过对比间隙水深和门槛水深来判断卧倒门是否具备开门条件。

承船厢水深及水平检测系统指的是位于船厢左、右主纵梁内的 10 只静压式水位传感器，当船厢运行或静止时，判断当前船厢是否水平，防止船厢倾覆的重要系统。船厢水深及水平的正常与否是升船机可靠运行的重要条件，因此设置船厢水深及水平检测装置，用于比较、计算船厢准确水位、水平状态。

第四节　工业电视系统

一、　系统简介

升船机工业电视系统是利用数字网络和计算机局域网技术的优势，形成控制便捷的新一代网络视频系统。可以完成视频采集、压缩、传输、控制、存储、检索、回放等强大功能。运行人员在集中监控中心可清楚地监视到升船机设备运行和船只行驶的情况，有利于操作人员及升船机管理人员对通航设备的管理。操作人员可以在监控室控制中心通过计算机操作将任意一摄像机图像信号切换到大屏监视器上显示。

二、　系统控制及功能

工业电视系统由服务器、集中存储器、交换机、图像监控工作站前端摄像机和监视电视墙等设备组成。电视墙设备分布于集控室，由解码器（DC）输出画面。前端摄像机、交换机、服务器之间采用工业以太网或专用的光缆连接。可实现的主要功能如下：

（1）能在中央控制室对升船机整体运行情况，上、下游船只航行情况以及控制现场关键部位的设备运行情况进行全面监视。通过控制摄像头云台，实现 360°全景监视，对于可变焦距摄像头可以远程变焦，实现近景监视。

（2）监控系统在实时监控的过程中，对每个监视点进行实时录像并存储。系统提供同步、异步多路回放功能，可设置多种速率回放，并可进行截屏，便于事故的调查取证。

三、　监控系统设计及运行要求

（1）系统必须操作简单，易于使用和维护。重要部位的摄像机应带有预转置功能。

（2）工业电视平台服务器和核心交换机应采用双电源热备，不得随意更改设备供电线路运行方式，严禁随意串接、并接、搭接各种供电线路。

（3）工业电视设备应与中控室多媒体工作站配有接口，应能够将各个摄像头的信号方便地切换到大屏幕投影仪上。

（4）要求户外设备具有耐潮、耐腐蚀、防泥污性能及抗干扰能力。

（5）工业电视系统应保持 24h 连续正常运行，不得随意切断各摄像机、监控器、服务器和网络设备的电源或退出系统监控管理平台。

（6）以下重点监控部位必须布设专用摄像头，并配备足够的照明或安装红外摄像头。

1）上/下闸首工作闸门及其锁锭投入位。

2）承船厢上/下厢头工作闸门、对接密封装置。

3）承船厢甲板、水域、疏散通道。

4）承船厢水位尺。

第五节　消　防　系　统

升船机消防系统根据各建筑物的布置、机电设备的特点和布置情况以及升船机的运行条件，设计配置相应的消防设施和系统，一般包含建筑防火及疏散设施、固定和移动式灭火器材、消防水系统及自动喷水（喷雾）系统、气体自动灭火系统及火灾自动报警控制系统等。下面以水口升船机消防系统为例进行简述。

一、　水口升船机消防系统简介

（一）总体设计

水口升船机主机房、启闭机房、交通塔楼及其设施层、承船厢及其仓内设备区域的火灾危险性类别按"丁"类，耐火等级按"二"级设计。

（二）疏散设施布置

（1）在高程74.00m和43.50m的升船机左、右塔楼均设有安全疏散出口，在承船厢室左、右两侧混凝土承重塔柱上，沿承船厢全行程每隔6.00～10.00m各设置一条应急逃生爬梯，逃生爬梯与安全疏散出口对接。

（2）集控室、消控室、升船机各设备室均设有事故照明，各安全疏散通道均设有疏散指示标志。

（三）消火栓和灭火器布置

（1）在高程79.00、74.00、66.00、43.50m和承船厢甲板设置消火栓和灭火器，其中，承船厢设有独立的消防水源，其余消防水源引自左岸高位水池。用水量满足同时开启4个水量不小于5L/s的消火栓、火灾延续时间2h的要求。

（2）在升船机4个船厢泵室内设有灭火器和气体灭火装置。

（3）在高程79.00m的升船机消控室设有火灾自动报警联动控制系统，集成消防水系统、气体灭火系统和火灾自动报警及控制系统。

二、　水口升船机消防水系统

水口升船机消防水系统由承船厢消防水灭火系统和升船机主塔楼消防水灭火系统组成。

（1）承船厢消防水灭火系统泵站由3台水泵、1个压力水罐、控制箱、12个消防栓及管路等组成；压力水罐可保证系统水压和水泵自动控制。消防水源由承船厢取水经水泵送至压力罐实现自动控制；灭火时，消防泵从承船厢取水经消防管分别送至承船厢各消防点，灭火过程应保持水压为0.40MPa。

（2）升船机主塔楼消防水灭火系统作为水口电站厂房高压消防水系统的分部单元，其水源直接取至坝顶消防管，经消防管分别送至主塔楼各消防栓点，灭火过程应保持水压为0.50MPa。

（3）承船厢消防水灭火系统操作：平时控制方式投自动位，由补压泵进行补压，维持消防管网的正常压力，当水泵出口压力降至0.35MPa时启动补压泵补压，当水泵出口压力升至0.40MPa时补压泵停止工作。

（4）当承船厢甲板上任一消火栓箱内的破玻按钮人为按下，或集控室消防监控屏上的"承船厢消防水泵手控盘"上的"启动"按钮按下，系统进入消防程序：消火栓开启灭火（现场手动），正常情况下两台水泵作为主用泵，另一台作为备用泵或补压泵使用，当出口压力降至0.35MPa时，2台主用工作泵相继启动，当出口压力降至0.32MPa时，备用泵启动。消防结束，消防栓出水阀关闭后，消防泵对压力水罐进行补压，当管网压力上升至设定值时，工作泵自动停止工作。

三、 气体灭火系统

升船机承船厢气体灭火系统设有自动（联动）、手动及机械应急操作三种启动方式。在集控室设有手动、自动和切除状态切换开关，手动方式能在现地和消防控制中心实施，根据实际需要进行选择。自动方式下，收到对应船厢火警信号后（需两个以上同时报警），消防报警控制柜通过控制模块可实施自动联动控制，控制器按预先编制好的逻辑关系打开放气阀门，延迟30s后自动喷洒气体灭火，同时点亮放气阀门灯。手动方式下，收到对应船厢火警信号后由运行值班人员确认后手动投入。机械应急操作仅当事故等原因电动方式无法启动释放阀门时使用，可通过人工直接在阀体上开启，该方式无任何联锁动作。气体灭火工作完成后，排气工作由人工手动完成。

四、 火灾自动报警及控制系统

（1）火灾自动报警及控制系统由火灾自动报警系统、消防联动控制系统和消防电话系统组成。

（2）火灾自动报警系统通过探测器，对火灾进行监视和探测，一旦发生火灾，给出声光报警信号，提醒运行人员确认处理。集中报警控制器设置在升船机集控室，设有消防控制屏。集中火灾报警控制器主要对承船厢、主机房、电缆层和集控楼进行火灾探测和对消防设备进行自动或手动控制。采用总线制加少量多线制控制方式，以自动报警为主、手动报警为辅为设计原则，采用智能网络型集中报警及控制系统。在报警控制器上能显示全楼火灾报警信号，实现对消防设备的手动和自动控制。

（3）承船厢由于条件特殊，其仓内设备均安装在密闭空间，专门设置了一套区域报警装置，设有气体灭火装置控制器、区域报警器及直流电源装置，负责接收集中控制室指令信号和承船厢火灾报警信号，自动进行消防控制，并将火灾报警信号上送消防控制指挥中心。

（4）消防报警控制逻辑。

1）1只探测器探测到火情，仅发报警信号，有待人工确认，若属于误报则按下复位后，报警消除。

2）2组（或2种）探测器探测到火情，除发报警信号外，将根据不同的场所发出相应的控制信号并利用消防被控设备的辅助触点，通过信号模块将动作信号反馈给火灾报警控制器。也可由值班人员根据消防报警控制柜上显示的信息，实施手动控制，或在现场就地控制。

3）防火门的控制，远方与现地均能控制，防火门平时常开。火灾事故发生后，消防报警控制柜通过控制模块可实施自动联动控制，自动（30s）或现地手动关闭防火门。

（5）火灾自动报警通信模式及自检。

1）火灾报警控制系统中探测器、手动报警按钮和模块能以环路总线与火灾报警控制器进行双向通信，以确保在一个方向的总线发生断路时，报警信息可通过另一个方向的总线传回火灾报警控制器。火灾报警控制系统采用全总线通信技术，既能完成总线报警，又能实现总线联动控制。

2）所有点式探测器、手动报警按钮和模块都是自动编址，火灾报警控制器可以自动识别单元种类、地址，不用手动拨码。

3）系统有自诊断功能。当火灾报警控制器与火灾探测器之间发生断线、电源故障、探测器断线、接触不良、电气击穿等故障时，能自动发出同火灾报警信号有明显区别的声、光故障信号。

（6）CRT图形显示装置。

CRT图形显示装置会显示报警设备的具体类型和位置，机柜里面有音响语音播报相应的信息。CRT主机断电需及时上电重启，并与消防主机（复位）重新建立通信。

五、 火警应急处理

（一）一般原则

（1）现场扑救火灾的原则：先控制后消灭，救人第一；先重点后一般；并做到行动迅速、判断准确、自我防护。

（2）没有能力灭火时，则应及时拨打119报警。火灾报警四要素：发生火灾的时间、地点；火势基本情况；是否有人员被困；报警人姓名、住址及联系电话。

（二）升船机现场火警应急处理

火灾报警系统通常为四种状态，系统运行正常、火警、故障和外部联动设备动作及反馈。下面就火警和故障时的处理办法和操作方法加以详述。

1. 当集控室消防主机报火警时

（1）在发生火警时，控制器所连接的声光警报器将发出报警，值班人员应及时到现场检查是否有明火。如果发现不是真实火警，可以按"警报器消声/启动"键，禁止声光警报器发出声光报警，警报器消声的同时控制器的警报器消声指示灯点亮；有新的火警发生时，警报器将再次发出声光报警，同时控制器的警报器消声指示灯熄灭。

（2）如果确定发生火灾时，首先要通过电话通知消防控制室人员，启动消防相应的联动设备如声光报警器、排烟风机、水泵等。组织人员使用灭火器、消防栓等灭火器材在现场进行灭火，并用广播通知人员疏散。火势较大时要拨打火警电话。

（3）排除火警后，应及时根据报警来源，将消防主机进行复位。如果是自动报警，按相关步骤将控制器复位；如果警报来自手动报警按钮报警，则用手动报警钥匙复位。复位后检查系统是否恢复正常运行。

2. 当集控室消防主机报故障时

若为主用电源故障、备用电源故障，检查相应的开关是否打开，主、备用电源是否停电。若为设备故障报警，可以先通过相关步骤将设备暂时隔离；设备暂时隔离后要及时通知厂家查明原因、排除故障，故障排除后及时解除隔离。

3. 承船厢气体主机报火警

值班人员首先应根据报警信息，及时赶往相应区域查明火情。若确认现场无火情，按相关步骤将主机复位，警报解除；若火情较小，立即组织人员灭火；若火情较严重，在确认人员安全撤离之后按以下两种方法处置：一是按下对应区域的紧急启动按钮，同时把消防主机全局手动改为全局自动；二是按下消防主机中下部手动控制盘上按键，启动相应吊点的声光、防火门、风机等消防程序，延时30s后自动启动相应吊点的气体钢瓶实施灭火。明火扑灭后应启动相应吊点的排气扇通风，在彻底通风之前任何人不得进入现场。

4. 承船厢气体主机报故障

若为主用电源故障、备用电源故障，检查相应的开关是否打开，主、备用电源是否停电。若为探测器、紧急启停按钮、放气灯等故障，通知检修班组处理。

5. 承船厢水泵控制箱的使用

水泵控制箱为双电源自动切换，控制方式有手动及自动方式。若使用承船厢甲板的消火栓灭火时，按下对应的消火栓箱上的消火栓按钮就可启动水泵，使用之后用钥匙把按钮复位。

第六节 检修排水系统

一、 概述

检修排水系统的主要功能是将升船机各处渗漏水、降雨来水的积水以及承船厢的渗漏水，通过检修排水泵的控制将其排至下游引航道。它由集水井、深井水泵、水位计控制系统组成。集水井一般布置在升船机下闸首，水位测点及深井泵布置在下闸首左、右机房内，通过横向连通管连通左、右侧集水井。

二、系统控制及原理

检修排水泵电源的控制采用两路电源交叉供电。水泵采用软启动器启动。设计有"远方""现地"两种控制方式。"远方"控制方式下，由 PLC 程序控制，并接受远程监控；"现地"控制方式，即系统由 PLC 控制，但不接受远方控制，上位机仍具有监视功能；水位测量和控制共设有 5 个浮球开关，分别为高水位报警、备用泵启动、主泵启动、停泵、低水位报警 5 个功能，通过中间继电器后，送至 PLC 的模块进行处理，并参与控制和保护。每个集水井设计有模拟量表，安装于现地控制柜上，用于测量和显示对应的集水井水位。现地站和上位机通过工业以太网进行通信，传输信号通过光缆实现，触摸屏具有显示参数、电动机状态及电流、操作设置、故障诊断和历史记录查询等功能。运行控制水位及水位计投放高程参数见表 7-2。

表 7-2　　　　　　　　运行控制水位及水位计投放高程参数表

控制水位	水位高程（m）	相对水位（m）
备用泵启动和上限报警水位	L4　EL：−5.50	8.40
正常启泵水位	R3 EL：−6.00	7.90
停泵水位	R2　EL：−13.20	0.70
下限报警水位	L1　EL：−13.60	0.30

注　水位计投放高程为 EL：−13.9m 时，相对水位为 0。

三、运行注意事项

（一）启动前的检查

（1）检查水泵预润水是否已投入。

（2）检查水泵出水阀门是否已全部打开。

（3）检查止逆装置是否良好。

（4）检查润滑油位、油质是否正常。

（二）运行注意事项

（1）每天检查电流表、电压表的数值，机组振动和响声情况。

（2）经常检查水泵的出水量，应尽量使泵在"高效区间"运转。

（3）检查传动装置上的轴承部位润滑脂量，及时更换润滑脂。

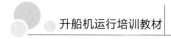

（4）停车后不能立即再次启动水泵，防止温升过高和水流产生冲击，一般待 3min 后才能再次启动。

（5）出现下列任何之一者，应立即停机检查处理。

1）电流表波动较大或电流超过额定值。

2）水泵有明显的振动。

3）电动机或其他传动装置上的轴承部位温度过高。

4）水泵、电动机或其他传动装置有异常响声。

第八章 升船机运行风险与对策分析

根据水口升船机运行 14 年来的经验总结，以下着重介绍水口升船机运行中存在的风险，以及相应的处置对策分析。

第一节 典型故障及事故处置

一、承船厢卧倒门检修风险防范

承船厢上、下游卧倒门临时检修时，采用在相应侧放落折叠式 V 形检修门进行局部排水，此时，升船机承船厢处于两种不平衡状态：其一是承船厢厢体上、下游侧重量不平衡，致使重心偏向非检修侧；其二是承船厢与平衡重重量不平衡，此时，平衡重的重量大于承船厢的重量，检修期间承船厢如果长时间漏水，当漏水量超过可控平衡重安全制动器的制动力矩时，因 4 个吊点受力不均，在平衡重的作用下 4 个吊点就会不同步向上滑移，致使承船厢出现纵向倾斜。

（一）风险防范措施

（1）运行人员在承船厢检修排水前，要仔细落实各项安全措施，确认关闭所有安全制动器进油阀门后，方可进行检修排水。

（2）检修期间运行人员要派专人监视承船厢漏水情况，当承船厢水位接近低限时，及时对承船厢进行补水。

（3）检修期间运行人员、检修人员要定期巡查安全制动器制动闸盘表面清洁情况，若发现油污或其他异物时，要及时擦拭清洗，确保不降低安全制动器的制动力。

（4）避免出现威胁安全的交叉作业面，当后续作业与承船厢卧倒门检修作业的安全措施出现矛盾时，应拒绝许可后续作业。

（二）承船厢滑移处理对策及操作步骤

1. 处理对策

万一发生承船厢滑移，其后续处理对策如下：

（1）拆除折叠式 V 形检修门，并对承船厢进行补水，使其水位略高于全平衡水位。

（2）用单步液压控制方式操作，对不同吊点的安全制动器和工作制动器轮换进行松

闸，在安全制动器松闸过程中要始终保持工作制动器在上闸状态。

2. 操作步骤

先对滑移量大的一侧的两个吊点用点动操作方式进行安全制动器松闸和上闸；再对 4 个吊点的工作制动器进行松闸和上闸，按上述 1.（1）（2）依次进行，直到承船厢水位水平；之后，按照同样的方法，对上、下游侧的两个吊点依次轮换进行操作，直到点动操作时承船厢不再产生位移为止，此时，承船厢和平衡重基本处于平衡状态且保持水位水平；此后，将操作系统交由集控控制，由集控操作人员设置低速运行，按正常程序全行程来回运行，以完全释放因滑移产生的不平衡应力，待所有监检数据正常后；最后对二级上闸重新进行调试整定，调试完成后即可投入正常运行。

二、 承船厢运行过程发生超量漏水事故及采取的对策

承船厢运行期间发生漏水，首先检查漏水情况，判断漏水点和漏水原因，估计漏水量。若是杂物卡堵水封引起，重新对接，反复操作"开、关卧倒门"，清除卡阻物，直至漏水现象消除；若是突发事故引起，当承船厢发生漏水大于或等于 10cm 时，启动"船厢失水保护"程序，将船厢升至可投入安全锁锭位后停机投入安全锁锭。组织船民迅速从承船厢两侧楼梯撤离，同时使用消防水对船厢进行补水，并通知检修人员，进行现场检查处理。

投入安全锁锭具体步骤如下：当承船厢停止后，操作员在承船厢安全锁锭机构操作界面点击"向锁定处运行"按钮，承船厢开始向允许锁定处运行，当承船厢自动停止后，操作员查看承船厢安全锁锭机构操作界面，确认承船厢已停在锁定允许范围内，便可以点击"锁锭块投入"按钮，投入锁锭；否则，重新进行一次"向锁定处运行"操作。当承船厢继续失水时，4 个吊点的安全锁锭机构处监视人员要随时监视各锁锭块变动情况，出现可能无法插入钢梯锁锭梁内的情况时，应立即汇报值长，果断采取现地手动方式调整锁锭块转动角度，确保锁锭块可以插入钢梯锁锭梁内。当失水达到重力平衡重重量大于承船厢侧重量时，承船厢被拖动，从而安全锁入钢梯，完成承船厢安全锁锭。

待承船厢漏水原因查明并处理结束后，进行承船厢安全锁锭收回操作，步骤如下：

对承船厢进行充水，当充水到承船厢侧重量大于重力平衡重量时，承船厢开始缓慢下降；继续对承船厢充水，待承船厢下降脱离锁锭块后，操作员在承船厢安全锁锭机构操作界面点击"锁锭块收回"按钮，收回锁锭。当承船厢充水至正常运行水位时，停止充水，承船厢安全锁锭收回操作结束。

三、 承船厢下行失控触底事故及采取的对策

在升船机运行过程中，为防止承船厢触底和冲顶，必须在承船厢运行到一定位置时进行提前减速，防止故障发生。减速点根据上位机设置的主提升不同的速度确定不同的距离。在挡水门上装有的 5 对红外光电接近开关用以对船厢减速停位进行检测判断，其中

行程校验（减速）光电开关对主提升 PLC 进行行程校验。正常情况下主提升以 12.00m/min 的速度运行，当承船厢以设定的速度运行到相应的减速点后，主提升系统开始减速，最后以 2.00m/min 的速度缓慢与挡水门对位。

另外，为避免船厢在上升或下降时超过正常设定值时还未正常停机，设有钢丝绳过卷检测保护和船厢行程极限保护。钢丝绳过卷检测保护的过卷开关安装在主提升 1、4 号吊点滑轮两侧，设定上过卷位为 65.00m、下过卷位为 5.90m，在钢丝绳上装有发信卡环，调整发信卡环在钢丝绳上的位置，使得钢丝绳在超过卷筒压块安全位置时发出信号，主提升控制站执行二级上闸停机。船厢行程极限是作为过卷检测保护的后备保护，发信杆安装在 1、4 号吊点吊具侧钢梯上，设定上极限为 65.06m、下极限位为 5.90m，根据船厢行程极限调整在船厢高程位置发信。主提升控制站执行二级上闸停机。

四、电站全厂失电或升船机两路电源失电及采取的对策

当承船厢与下游对接时，在上、下行船舶进出期间，电站全厂失电或升船机两路电源同时消失时，通过两套 UPS（不间断电源）供电，现地手动分别启动承船厢下游 3 号和 4 号吊点的各一台电动机，将承船厢下游端卧倒门关闭，防止承船厢的水流失，从而确保升船机在交流电源全部消失情况下的设备安全。待升船机 400V Ⅰ、Ⅱ 段母线电压正常后，恢复正常操作。

运行人员在每日巡检中应仔细检查 UPS 电源的电池容量、负荷和报警信息；检查 UPS 逆变器供电是否正常，UPS 面板各指示灯是否正确。发现异常，及时通知检修班组处理。

第二节　环境影响及对策建议

一、水库泄洪影响升船机通航的风险

下游引航道内水位变幅超过 0.50m/h 时，将对升船机的安全运行产生严重影响。当承船厢与下闸首对接时，承船厢内的水位将随引航道内的水位变化而变化。若水位变化往跌落方向发展，就会导致承船厢内船舶搁浅，且配重失衡；若水位变化往升高方向发展，就会导致承船厢设备仓浸水，且配重失衡，无论水位变化是跌落还是升高，只要变幅超过 0.50m/h。都将直接影响升船机的安全运行。水库泄洪是引起下游水位变率（单位时间内水位变化比率）大的直接原因，因此，行洪期对升船机安全通航的风险管控应引起足够的重视。

二、电站大负荷突变影响升船机通航的风险

发电厂发电负荷突变是影响升船机安全通航的另一因素。以水口电站为例，在 7 台机

组全部满发的情况下，若遭遇机组联合单元保护动作切 2 台机组，将瞬间甩负荷 400MW，此时已无备用机组顶负荷，将直接导致升船机下游引航道内水位快速下降，经试验实测，在不到 4min 30s 的时间内，下游引航道内水位急剧下降超过 40cm，而升船机在紧急解除与下游对接工况所需时间约为 5min，因此，机组满发时一旦 2 台以上机组突发故障甩负荷，5min 内水位降幅已超设计允许的最大误载水深±0.40m，承船厢将可能失去平衡，引发倾覆事故。

三、 对策建议

（一）针对水库泄洪影响升船机通航的对策建议

当升船机下游水位变幅超过 0.50m/h 时，升船机暂时停航。具体防范措施如下：

（1）运行人员要密切关注水调信息平台，了解水位情况，实时监视出库流量变化，及时做好下游水位变幅是否超过 0.50m/h 的预判，并采取对应的防范措施。

（2）在升船机集控室设置运行专线电话，严格执行内部联系制度，预计出库流量有可能超过通航标准时，水调人员应提前 2h，用专线电话向升船机运行人员报信。

（二）针对电站大负荷突变影响升船机通航的对策建议

（1）在升船机下游航道末端设置挡水闸门，在升船机承船厢与下闸首对接前，若此时船舶处于下行状态，直接放落挡水闸门，若此时船舶处于上行状态，则先让船舶上行越过挡水闸门门区后再放落挡水闸门，确保对接前后保持对接水位恒定，待承船厢与下闸首解除对接后，提起挡水闸门，恢复航道。

（2）对承船厢的撑紧装置进行改造，适当提高撑紧力，从而提高承船厢的抗纵向倾覆能力。

（3）在不增加平衡重总重的情况下，适当调整重力平衡重和可控平衡重的比例，即调低重力平衡重的重量，调高可控平衡重的重量，从而提升对接状态下的偏载能力。

（4）调整承船厢对接程序，在承船厢与下闸首完成对接后，保持承船厢卧倒闸门泵组运行在卸荷状态而不停机，缩短应急关闭承船厢卧倒门的响应时间。

（5）在升船机集控室增设发电机组负荷终端监视，一旦机组负荷变化超过设定值发出声光报警。承船厢与下游对接期间，运行人员要指派专人监视机组负荷终端，发现机组突降负荷，应及时启动应急程序，快速关闭下游侧承船厢卧倒门。

（6）在升船机集控室设置运行专线电话，严格执行内部联系制度，发电运行人员受令调减负荷时，应事先联系升船机运行人员，只有在确认升船机运行安全的情况下才能调减负荷。若发电运行人员发现系统故障引发机组甩负荷，则应第一时间通知升船机运行人员。

（7）在电站调峰期间机组投 AGC（自动发电控制）运行时，升船机应尽量避开下游对接运行。

参 考 文 献

[1] 吴穹.垂直升船机运行原理分析 [J].水利电力机械，2007，29（4）：7-8.

[2] 扈晓雯，吴爱玖，朗耀根.水口升船机水工结构设计 [J].华东水电技术，2004，（1，2合刊）：14-16.

[3] 刘恩举，柯春琴，周小乾.思林水电站通航建筑物布置 [J].珠江水运，2013，（19）84-85.

[4] 吴俊东，王改会.彭水水电站通航建筑物总体设计 [J].人民长江，2006，37（1）22-24.

[5] 陈小虎，徐刚，方国宝，等.构皮滩水电站第一级下水式垂直升船机船厢室结构分析 [J].水利水电快报，2013，34（9）：31-35.